**HYPOCONDRIAQUES,
JE VOUS AI COMPRIS !**

Site internet de Michel Cymes,
Marina Carrère d'Encausse et Christian Gerin
www.bonjour-docteur.com

© Éditions Jacob-Duvernet, 2009

Michel Cymes

HYPOCONDRIAQUES, JE VOUS AI COMPRIS !

Manuel à l'usage de ceux qui se croient foutus

Sous la direction éditoriale du
Docteur Bernadette Oberkampf

Éditions Jacob-Duvernet

*« Dieu est mort,
et moi-même je ne me sens pas très bien... »*

Woody Allen

SOMMAIRE

INTRODUCTION 11

PARTIE 1
MES DIX GRANDES ANGOISSES EXISTENTIELLES
1. Première angoisse : l'infarctus 20
2. Deuxième angoisse : le cancer 21
3. Troisième angoisse : le sida........................22
4. Quatrième angoisse : la maladie d'Alzheimer.......23
5. Cinquième angoisse : la maladie de Parkinson 24
6. Sixième angoisse : l'impuissance 25
7. Septième angoisse : la stérilité..................26
8. Huitième angoisse : les virus 28
9. Neuvième angoisse : la sclérose en plaques 29
10. Dixième angoisse : la vie et la mort.............30

PARTIE 2
MES SYMPTÔMES ET MES ANGOISSES, DE LA TÊTE AUX PIEDS
1. J'ai mal à la tête...............................35
2. J'ai des trous de mémoire........................45
3. Je tremble 49
4. Je vois double, j'ai des vertiges................53
5. Mes oreilles bourdonnent 61
6. Je saigne du nez.................................67
7. J'ai une boule dans la gorge 75
8. J'ai complètement perdu ma voix 83
9. Ma langue est blanche............................89
10. Je crache du sang...............................95
11. J'ai un ganglion dans le cou 101

12.	Je tousse vraiment beaucoup	109
13.	J'ai une douleur dans la poitrine	117
14.	J'ai une boule dans le sein	125
15.	J'ai très mal au ventre	131
16.	J'ai du sang dans les selles	141
17.	J'ai un gros problème pour uriner	147
18.	J'ai une douleur dans la fesse	155
19.	J'ai une douleur dans l'aine	161
20.	Je suis fatigué	169

CONCLUSION 179

ANNEXE DÉDIÉE AUX HYPOCONDRIAQUES 183

INDEX 187

INTRODUCTION

Vous êtes du genre à vous dire, chaque fois que vous avez mal à la tête, que c'est votre tumeur au cerveau qui se réveille. Le moindre saignement de nez, et vous voyez déjà votre vie défiler devant vos yeux, persuadé qu'il ne vous reste que quelques heures à vivre ! Votre médecin, cet imposteur, cet incapable qui ne vous écoute toujours que d'une oreille entre deux coups de fil, vous ressasse toujours la même formule choc : « Vous êtes en parfaite santé ! Profitez de la vie ! »

Profiter de la vie ? Facile à dire, mais malheureusement impossible pour vous !
Vous êtes en sursis de mort, et personne ne vous prend au sérieux. Votre famille s'est lassée de vos angoisses permanentes et vos amis, enfin votre seul et dernier ami s'en amuse toujours, bien qu'il commence à paraître agacé par votre comportement. Par chance, vous avez trouvé quelques compagnons

Hypocondriaques, je vous ai compris !

d'infortune sur un cyberforum consacré à la santé. Bienvenue, vous venez d'adhérer au club des hypocondriaques !

Rassurez-vous, vous n'êtes pas le premier ! L'hypocondrie est connue depuis l'Antiquité. Du temps d'Hippocrate, les hypocondriaques étaient ceux qui se plaignaient du ventre et se croyaient atteints d'une maladie touchant les hypocondres, cette partie de l'abdomen située sous les côtes et contenant essentiellement le foie, la vésicule biliaire et le tube digestif.

Aujourd'hui, les symptômes de l'hypocondriaque moderne vont du mal de tête à la douleur dans l'aine, en passant par les bourdonnements d'oreille : tout est possible, et le moindre petit signe est exacerbé, devenant l'objet d'une conviction intime incontrôlable, celle de l'existence d'une maladie grave sous-jacente.

Le problème est complexe. Molière en avait déjà bien analysé les contours au XVIIe siècle. Argan, son malade imaginaire, est un bon exemple de malade parfaitement sain, mais malheureusement insupportable avec son entourage.

Son état dépressif n'était-il pas lié à la conscience intime de la précarité de sa vie, ou *a contrario* du miracle que constituait sa bonne santé ?

Si vous êtes hypocondriaque, je vous plains avec

Introduction

sincérité, car votre vie est gâchée de peur de la perdre. Je plains aussi votre entourage, car il est usant de vivre avec une personne angoissée, surtout quand cette angoisse ne peut se raisonner, parce que le problème est bien là : rien ni personne ne peut vous rassurer.

Je plains enfin mes collègues médecins qui, comme moi, sont considérés par les hypocondriaques comme des incompétents désinvoltes.

Certaines professions semblent particulièrement riches en hypocondriaques. Le milieu de la télévision en est un véritable vivier, comme si l'accès privilégié à l'information suscitait de vraies vocations dans ce domaine. Patrice Laffont et Christophe Dechavanne reconnaissent avec beaucoup d'humour qu'ils ont une fâcheuse tendance à l'hypocondrie. Le premier organise des concours de tension artérielle avec un ami médecin, et le second avoue connaître le Vidal par cœur et partir en vacances avec son nécessaire à amputation, au cas où… Mais pour ces rares personnes qui acceptent de parler de leurs faiblesses et de leurs angoisses, combien cachent ce qu'ils considèrent comme une tare, une véritable maladie que personne ne prend au sérieux ?

L'hypocondrie est probablement une maladie fréquente dans un pays développé comme la France. Avec la radio, la presse, la télévision et internet, nos connaissances médicales deviennent de plus en plus poussées. Mais ce qui peut être considéré comme une avancée considérable en matière d'éducation à la santé et en prévention peut aussi aboutir chez certains à une écoute trop vigilante de leur corps, et à l'émergence d'une anxiété démesurée sur tout ce qui pourrait altérer le fonctionnement de ce corps. Le pas vers l'hypocondrie est alors franchi…

Vous ne voulez pas que l'on vous rassure, que l'on vous dise que votre douleur au ventre n'est qu'un symptôme banal, bénin, et que tout va rentrer dans l'ordre rapidement. Vous ne voulez pas que l'on vous dise qu'il est difficile de se vider de son sang sous prétexte que l'on saigne du nez. Vous ne voulez pas que l'on se moque de vous.

Ce que vous attendez, c'est que l'on vous parle enfin de cette tumeur qui vous ronge sûrement à bas bruit, de ce cancer qui ne quitte plus votre esprit. C'est bien là le but de ce livre.

Médecin auprès de patients comme vous, mais également à vos côtés à la radio et à la télévision, je voudrais vous dire que vous avez raison de vous inquiéter, car un mal de tête peut effectivement être le premier symptôme d'une tumeur au cerveau. Une fois que nous aurons ensemble évacué ce diagnostic gravissime, nous pourrons passer ensemble aux diag-

Introduction

nostics plus bénins et très largement plus fréquents. C'est ma façon de vous dire « vous avez raison d'être inquiet, car cela aurait pu être… mais cela a beaucoup plus de chances d'être… »

C'est le chemin que je vous propose de parcourir ensemble dans ce guide que je vous dédie.

Michel Cymes

PARTIE 1

Mes dix grandes angoisses existentielles

1. Première angoisse : l'infarctus 20
2. Deuxième angoisse : le cancer 21
3. Troisième angoisse : le sida 22
4. Quatrième angoisse : la maladie d'Alzheimer....23
5. Cinquième angoisse : la maladie de Parkinson...24
6. Sixième angoisse : l'impuissance......................25
7. Septième angoisse : la stérilité 26
8. Huitième angoisse : les virus..............................28
9. Neuvième angoisse : la sclérose en plaques 29
10. Dixième angoisse : la vie et la mort...................30

*Vous avez souhaité me les dire, vos angoisses
existentielles, sans que je vous interrompe,
sans que j'intervienne, ni comme médecin,
ni comme journaliste à la télévision,
sans que je vous juge.
Pour que votre entourage vous connaisse mieux,
et vous comprenne un peu plus,
racontez-vous, racontez-moi...*

Je suis hypocondriaque. Ne vous moquez pas, même si c'est tentant. Imaginez plutôt un instant la réalité : ma vie est un enfer.

Vous êtes parfois malade, mais seulement de temps en temps, c'est normal, c'est supportable, cela fait partie de la vie. Mais chez moi, tout est différent. Il n'y a pas un jour, pas un seul, où je ne suis pas malade… d'inquiétude.

N'importe quel symptôme, même banal, un mal de tête, un saignement de nez, m'entraîne dans une angoisse incontrôlable. Je ne peux pas me maîtriser. J'ai l'intime conviction que quelque chose de grave va me tomber dessus, et ma vie s'en trouve complètement chamboulée.

Vous voudriez que j'essaye de me limiter aux dix maladies qui me hantent le plus ? Eh bien, les voici. Mais demain, je suis sûr que ma liste s'allongera. Moi aussi sûrement d'ailleurs, car je serai certainement atteint d'un nouveau mal.

J'en suis sûr, je suis foutu…

Hypocondriaques, je vous ai compris !

Liste de mes 10 angoisses existentielles
(je ne peux malheureusement en rayer aucune...)

1

Première angoisse : l'infarctus

On m'a déjà dit pour me rassurer que les Français meurent moins de maladies cardiovasculaires que leurs voisins anglo-saxons ou du nord de l'Europe. Les scientifiques ont essayé de m'apaiser, prouvant avec leurs publications dans des revues de haute tenue que la mortalité par infarctus avait chuté de moitié depuis dix ans en France. Mais rien n'y fait. L'infarctus est mon angoisse numéro un. Quelle est l'artère vitale qui va se boucher chez moi ? Une artère coronaire, empêchant mon cœur d'être oxygéné ? Ou une artère cérébrale, réduisant mon si précieux cerveau à l'état de cervelle de mollusque ou surtout à notre mort certaine à tous les deux ?

J'imagine l'infarctus du myocarde : une fin atroce. Je vais être pris d'une très violente douleur en plein cœur, oppressante, qui va irradier jusque dans mes bras et ma mâchoire.

Et si c'est une artère du cerveau qui se bouche, je ne suis même pas sûr d'avoir quelques petits signes avant-coureurs, façon Chirac, des petits troubles de la vue ou de la parole, non, je vais avoir le tableau le pire, je vais tomber raide, et me réveiller, avec ma malchance habituelle, dans un fauteuil roulant, paralysé, un légume. Si encore je pouvais mourir tranquillement, en dormant...

2
Deuxième angoisse : le cancer

Je n'ai pas le choix, je le sais. Je vais mourir comme tout le monde, de maladie cardiovasculaire – c'est mon angoisse numéro un et je vous en ai déjà parlé – ou bien d'un cancer. Je ne vois pas d'autre alternative. Alors, comment survivre avec cette chape de plomb au-dessus de la tête ? Mon voisin vient de se faire retirer la moitié d'un poumon (pour être honnête, c'est vrai qu'il fume ses deux paquets par jour depuis toujours), ma belle-sœur va quotidiennement faire ses rayons à l'hôpital après un « petit » cancer du sein comme elle dit (peut-être pas si petit que ça vu la taille de ses seins !), et quant à mon collègue de bureau, on vient de lui apprendre que sa coloscopie montrait un polype pas très net et qu'il fallait lui enlever un bout du gros intestin. Vous trouvez ça rassurant ? Le cancer est partout, tout le monde en parle, dans les journaux, à la radio, à la télé, pour sensibiliser la population sur le sujet. Mais moi, je suis déjà hypersensible, voire écorché vif. Un grain de beauté, et je suis sûr que c'est un méla-

Hypocondriaques, je vous ai compris !

nome, un mal de crâne, et l'idée de la tumeur du cerveau me prend... la tête. Un jet urinaire un peu moins puissant que dans ma jeunesse, et je sais que je ne peux plus compter sur ma prostate : à son tour, elle est sûrement envahie par une tumeur maligne.

Vous commencez à comprendre ? Ma vie est un enfer.

3
Troisième angoisse : le sida

Je ne suis pas homo, je n'ai pas une vie sexuelle trépidante, ce n'est pas très tendance peut-être mais j'ai toujours la même femme dans mon lit, je ne me drogue pas, et pourtant, j'ai peur. Cela fait pourtant plus de vingt-cinq ans qu'on en parle, du sida. D'ailleurs, je donne de l'argent pour la Recherche ; on ne sait jamais, cela pourra m'être utile un jour, quand je serai atteint à mon tour. Car j'en suis persuadé, je vais l'attraper le sida, même si je ne vois en fait pas très bien comment. Vous ne pouvez pas imaginer dans quel état je suis quand il faut aller aux toilettes dans une station-service sur l'autoroute, ou nager dans une piscine collective, ou encore partager un repas pourtant délicieux avec un copain séropositif. Rationnellement, je sais qu'il n'y a pas de risque de contamination, mais cela ne m'empêche pas d'être très inquiet sur le sujet. Si vous

Mes dix grandes angoisses existentielles

voyiez mes réserves de préservatifs, vous ririez de bon cœur. Mais moi, ça ne me fait vraiment pas rire.

4
Quatrième angoisse : la maladie d'Alzheimer

J'ai tout essayé : les jeux de logique, les jeux d'esprit, les casse-tête, dans le métro ou sur la plage. J'ai sûrement fait partie des plus motivés, voulant à tout prix développer mes circuits de neurones, maintenir ma réserve cognitive comme disent les spécialistes, entretenir ma mémoire, la sauver ! Mais c'est fichu. Ma vraie frayeur, maintenant, c'est d'aller faire les tests pour me voir confirmer le diagnostic d'Alzheimer. N'essayez pas de me rassurer, vous n'y arriverez pas. Je n'ai aucune circonstance atténuante pour expliquer ma mémoire défaillante : je dors très bien, je ne suis pas plus surmené qu'un autre et je n'ai pas encore 80 ans. En revanche, la situation est franchement préoccupante. Impossible de remettre la main sur la clé de ma boîte-aux-lettres. La clé ? Envolée. Mon téléphone portable ? Je passe mon temps à le chercher, à l'appeler avec mon téléphone fixe pour le retrouver, jusqu'à ce que j'entende sa sonnerie me narguer. Une fois de plus, il était dans ma veste. Ce soir, nouvel indice : je croise dans le bus cette dame – je ne connais qu'elle – elle me salue poliment – je lui dis « bonsoir madame » tout

Hypocondriaques, je vous ai compris !

aussi poliment, mais depuis cette rencontre, impossible de retrouver son nom. Comprenez-moi, je ne souffre pas de trous de mémoire banals. Non, ma mémoire ressemble à un gruyère suisse, et je suis taraudé par ce nom maudit, enfin un mot qui ne me quitte pas, que je n'oublie jamais, qui ne reste jamais sur le bout de ma langue : Alzheimer...

5
Cinquième angoisse : la maladie de Parkinson

Elle est vraiment trop fréquente pour que je lui échappe. Plus de cent cinquante mille personnes sont touchées par cette maladie, découverte au début du XIXe siècle par James Parkinson. Ce médecin anglais parlait d'une nouvelle maladie qu'il qualifiait de « paralysie agitante ». Ça ne vous fait pas froid dans le dos ? Moi si. Pourquoi ai-je peur ? Parce que je tremble... de peur... de trembler, puisque c'est bien le premier signe de cette terrible maladie dégénérative du cerveau dont je suis déjà atteint, j'en suis sûr. En effet, je tremble, non pas tout le temps, mais dès que j'ai froid, dès que mon patron m'appelle dans son bureau, dès que j'y vais un peu fort sur le café, l'alcool ou la cigarette. Je vous entends déjà : « Tu te passes des films... Pas de quoi t'affoler ! », ou encore « Tu n'as pas l'âge ! », mais vous ne pouvez pas comprendre. Rien ne peut me rassurer. J'ai vu la semaine dernière une dame dans la salle d'attente de mon dentiste, tenant sa main tremblotante pour essayer de la calmer. Du coup, ses deux bras tremblaient, sa bouche aussi. Désespérant. Moi aussi je tremble, pas à ce point-là, d'accord, mais quand même, je tremble. Et je ne peux pas m'empêcher de penser à ce qui m'attend, aux difficultés pour m'exprimer qui ne vont pas tarder à apparaître, ou encore à cette démarche de petit vieux déambulant à tout petits pas, qui fera rire les enfants dans la rue et que je ne vais pas pouvoir éviter, enfin, je pense en résumé que ma vie va basculer. La maladie de Parkinson est évolutive et irréversible. Je ne vais pas y couper, et je suis terriblement angoissé.

6
SIXIÈME ANGOISSE : L'IMPUISSANCE

Panne sèche hier pendant mes ébats amoureux. Une fois n'est pas coutume me direz-vous, mais quand même. Imaginez que je sois désormais impuissant. Le pire de ce qui puisse arriver à un homme. Je suis en train de perdre ma virilité ; la honte et la culpabilité m'envahissent déjà. Me voilà affaibli, amoindri, plus vraiment un homme, en tout cas plus un vrai. Le sujet est évidemment tabou, même si deux à trois millions de Français sont concernés comme moi par des troubles de l'érection. Le sujet est, vous en conviendrez, assez délicat à aborder, surtout avec mon médecin généraliste, une charmante jeune femme de 35 ans. Vous imaginez le scénario ? « Docteur, ça ne marche plus aussi bien qu'avant avec ma femme… » Non, je serai incapable d'aborder le sujet. Je ne suis même pas capable d'envisager quelle est la maladie grave à l'origine de cette catastrophe : une sclérose en plaques ou une maladie de Parkinson évoluant à bas bruit ? Un diabète sournois ? Ou tout simplement mon grand âge ? (je n'ai pourtant que 50 ans !) Non, je m'en tiens à mon seul symptôme. Un sexe qui ne sera plus jamais à la hauteur, c'est le cas de le dire. Cela suffit à me traumatiser. Je n'ose plus regarder une femme, et je ne parlerai sûrement pas de mon désarroi à la mienne.

7

Septième angoisse : la stérilité

Cela fait six mois déjà qu'avec ma femme, nous avons décidé d'avoir un bébé. Vous imaginez l'euphorie et l'enthousiasme des premiers mois ! Probablement aussi intenses que l'angoisse qui a pris la relève, en tout cas chez moi. Et si j'étais stérile ? Et si je n'étais pas capable de donner à ma femme ce cadeau de la vie ? Une forte inquiétude me

Mes dix grandes angoisses existentielles

hante. J'aurais préféré vivre il y a cinquante ans, à l'époque où l'on incriminait *a priori* la femme dès qu'un couple n'arrivait pas à avoir d'enfant. Mais aujourd'hui, tout le monde sait bien que l'infertilité n'est pas exclusivement féminine, qu'elle est due aux deux partenaires une fois sur trois et uniquement à l'homme une fois sur quatre. Et c'est sûrement là le problème, je le sens, c'est moi qui suis à coup sûr responsable de l'absence d'enfant dans notre couple.

Je culpabilise encore plus en pensant à ces vingt à quatre cent millions de spermatozoïdes de chacune de mes éjaculations. Sont-ils trop peu nombreux, pas assez mobiles, ou de forme bizarre ? Ils sont en tout cas infichus de remplir leur rôle et d'aller féconder un ovule dans le ventre de ma femme. Même si celle-ci a consulté son médecin et qu'il lui a dit qu'on ne pouvait pas parler d'infertilité ou de stérilité avant deux ans de tentatives de grossesse sans succès, je ne suis pas pour autant rassuré. Même si je ne veux pas transmettre à mon futur fils ou à ma future fille les gènes de l'angoisse ou de l'hypocondrie, j'ai quand même terriblement envie de voir ma femme enceinte, et tant que ce ne sera pas le cas, je serai vraiment dans une situation douloureuse à vivre.

Hypocondriaques, je vous ai compris !

8
Huitième angoisse : les virus

Le seul virus que je ne redoute pas, c'est celui de la mononucléose. Évidemment, il paraît que la fatigue liée à la maladie dure plusieurs mois, mais au moins, il y avait au départ un moment plutôt doux et agréable. La mononucléose, c'est la maladie des amoureux, la maladie du baiser qui transmet autant de plaisir que de virus...

Mais pour la rage, je vous assure qu'il n'y a vraiment aucun plaisir – j'en ai fait l'expérience – ni au départ quand je me suis fait mordre par une espèce de bouledogue pas vraiment avenant, ni après quand il a fallu me faire vacciner en urgence. Quant à la fièvre jaune, l'hépatite, la méningite ou l'encéphalite, leur description sur Google ne m'a pas du tout rassuré sur ces maladies dues à des virus.

La grippe, je connais. Je n'en ai pas peur, car je sais que c'est un mauvais moment à passer, mais que tout va finir par rentrer dans l'ordre. Je viendrai à bout de cet épisode de rhume, de fièvre et de courbatures, même si j'en sors terrassé de fatigue. Ce dont j'ai peur, ce sont de tous ces virus qui vivent là, tout près de moi, invisibles et prêts à me tomber dessus. Alors j'ai peur, tout d'abord du virus qui va me donner une bonne gastroentérite la veille de mon départ en vacances, et puis du virus de la varicelle,

Mes dix grandes angoisses existentielles

car j'ai entendu qu'il pouvait rester couver dans des ganglions pendant des années et ressortir sans prévenir, sous forme de boutons de fièvre, d'herpès ou même de zona. J'ai eu peur comme vous de la grippe aviaire, mais pour l'instant je suis plutôt préoccupé par la grippe porcine, la fameuse grippe mexicaine, liée au virus A (H1N1), qui va tous nous agresser prochainement. Je n'ai même pas de réserve de Tamiflu, et je ne me suis pas encore fait vacciner. Parce que les vaccins, j'en ai peur aussi.

9

Neuvième angoisse : la sclérose en plaques

Je sais que les femmes ont plus de risque que moi d'attraper cette maladie qui atteint les fibres nerveuses du système nerveux central. Je sais aussi qu'un moment d'inattention est probablement à l'origine de la petite perte d'équilibre qui m'a valu la semaine dernière de m'étaler dans les escaliers. Il n'empêche que je me réveille de temps en temps avec des fourmis dans un bras, ou que ma main est engourdie. Je peux aussi vous prouver que j'ai des trous de mémoire. Et voilà, j'ai trop de signes qui peuvent évoquer une sclérose en plaques. On me dit hypocondriaque, peut-être. Mais je suis surtout « cybercondriaque », car avec ma fâcheuse habitude d'aller fouiner en permanence sur internet des informations qui ne font qu'accroître mes craintes et entretiennent ma fragilité psychologique, j'ai tout vu, tout lu sur la sclérose en plaques, sans probablement beaucoup de discernement, certes. Le résultat ? La situation est insupportable. Je ne sais pas ce qui me rend le plus malade, si c'est de savoir que je finirai certainement ma vie dans un fauteuil roulant, impuissant et avec des troubles urinaires, ou si c'est de culpabiliser d'avoir demandé que l'on me fasse un rappel du vaccin contre l'hépatite B, pour calmer une autre inquiétude qui me taraudait. Même si les scientifiques prouvent le contraire, je reste persuadé que ce vaccin est peut-être à l'origine de la sclérose en plaques qui j'en suis sûr, a déjà commencé ses ravages dans mon pauvre cerveau.

10
DIXIÈME ANGOISSE : LA VIE ET LA MORT

Drôle d'angoisse pensez-vous avec un sourire à peine dissimulé. Et pas vraiment une maladie ! Pour moi, si, et il n'y a malheureusement pas de quoi sourire. Ma vie n'est qu'une grande souffrance et un profond mal-être, et ça, personne ne peut vraiment le comprendre sans me prendre pour un dingue.

J'ai évidemment peur de mourir, comme tout le monde, mais j'ai un avantage sur vous : je pense que lorsque je ne serai plus de ce monde, je n'aurai enfin plus peur d'être atteint de tous les maux, de toutes les maladies, de tous les virus et de toutes les bactéries qui pullulent autour de moi sur notre si belle terre.

J'ai en même temps une peur bleue de la vie, et d'ailleurs, je n'arrive pas à vivre comme vous, avec un minimum de sérénité. Ma vie est un enfer. Tout dans ma vie est sujet d'angoisse. J'ai peur de grossir, car mon risque cardiovasculaire va augmenter, mes artères se boucher, et le drame arriver, mais perdre un kilo me terrorise tout autant, car l'amaigrissement est bien un signe quasi permanent de tous les cancers qui vont sûrement me grignoter de l'intérieur.

Je n'ai pas trouvé de solution à mon mal. Alors, je ne vous demande qu'une chose, ne vous moquez pas, mais comprenez-moi. Je suis hypocondriaque.

PARTIE 2

Mes symptômes et mes angoisses, de la tête aux pieds

1. J'ai mal à la tête 35
2. J'ai des trous de mémoire 45
3. Je tremble 49
4. Je vois double, j'ai des vertiges 53
5. Mes oreilles bourdonnent 61
6. Je saigne du nez 67
7. J'ai une boule dans la gorge 75
8. J'ai complètement perdu ma voix 83
9. Ma langue est blanche 89
10. Je crache du sang 95
11. J'ai un ganglion dans le cou 101
12. Je tousse vraiment beaucoup 109
13. J'ai une douleur dans la poitrine 117
14. J'ai une boule dans le sein 125
15. J'ai très mal au ventre 131
16. J'ai du sang dans les selles 141
17. J'ai un gros problème pour uriner 147
18. J'ai une douleur dans la fesse 155
19. J'ai une douleur dans l'aine 161
20. Je suis fatigué 169

1

J'AI MAL À LA TÊTE

Une tumeur me ronge le cerveau

Une douleur brutale sur une tempe, une sensation de barre sur le front, l'impression d'un clou qui s'enfonce dans l'occiput, tout cela n'est vraiment pas très rassurant, surtout quand cette douleur a une fâcheuse tendance à se répéter tous les mois, voire toutes les semaines. Fatalement, elle commence sérieusement à vous prendre... la tête ! Et les idées noires vous prennent rapidement... toujours la tête ! Rien à faire, vous êtes mort d'inquiétude.

L'angoisse vous envahit, et la tumeur au cerveau s'impose comme diagnostic le plus probable.

C'est compréhensible, car quel que soit l'endroit du cerveau où pourrait se développer une tumeur, il est vrai que celle-ci pourrait occasionner, à un moment ou à un autre, des maux de tête. Mais réfléchissez : ces douleurs sont dans ce cas précis liées au développement anormal et progressif d'une masse dans un organe particulier, le cerveau. Si ces maux de tête provenaient d'une tumeur, ils seraient certes plus ou moins forts, mais ne disparaîtraient probablement jamais.

Une cause présente en permanence - la tumeur - ne peut pas créer un symptôme ponctuel, et il n'y a aucune raison qu'une douleur qui disparaisse de temps en temps ou qui se manifeste par poussées soit liée à une tumeur du cerveau.

Essayez donc de contrôler votre stress, de vous raisonner, même si ce n'est pas facile, et pensez aux autres causes de maux de tête, heureusement beaucoup plus fréquentes, bénignes et bien connues des médecins.

Vos maux de tête ont plus de chances d'être dus à une migraine, à une sinusite, à une poussée d'hypertension artérielle ou à un début de grippe banale. Mais si vous restez encore inquiet, c'est que l'idée de deux diagnostics vous ronge encore : et s'il s'agissait d'une méningite dont vous ne vous relèverez pas, ou bien d'une rupture d'anévrisme dans le cerveau ?

Il est vrai que la méningite fait souvent parler d'elle dans la presse et les médias. Les méningites virales sont les plus fréquentes et les plus bénignes. Cela tombe bien. Les méningites dues à des bactéries sont quant à elles plus rares et plus graves.

Dans le tableau de la méningite, quelle que soit son origine, les maux de tête, appelés céphalées, ne sont pas isolés mais s'accompagnent d'une raideur de la nuque, de difficultés à supporter la lumière – ce que l'on appelle la photophobie – et d'une fièvre qui peut être élevée. Dans tous les cas, dès que ce diagnostic est évoqué par un médecin, une prise en charge urgente est mise en place à l'hôpital afin d'établir rapidement le diagnostic ou de le réfuter, grâce à une ponction lombaire (prélèvement d'un peu de liquide céphalo-rachidien). Les traitements efficaces peuvent alors commencer.

L'anévrisme cérébral est une malformation d'une artère du cerveau qui, lors d'une poussée d'hypertension ou lors d'un effort particulier, voire sans aucune raison particulière, peut se rompre et entraîner une hémorragie cérébrale. Un mal de tête très particulier survient alors, semblable à un violent coup de poignard dans une partie très précise du crâne, auquel succède, en général, une perte de connaissance.

Une sorte de délire peut même parfois s'observer lorsque l'anévrisme saigne dans une zone particulière du cerveau. La personne tient alors des propos incohérents à son entourage.

Si votre mal de tête revient régulièrement depuis des mois, il ne s'agit sûrement pas d'une rupture

Hypocondriaques, je vous ai compris !

d'anévrisme ; en effet, les ruptures d'anévrisme ne laissent en général pas beaucoup de temps, ni au patient, ni au médecin, pour en faire le diagnostic.

Puisque la tumeur, la méningite et la rupture d'anévrisme semblent hors de cause, vous pouvez envisager raisonnablement la survenue d'une migraine. Vos douleurs sont-elles pulsatiles (suivent-elles le rythme de votre pouls) ? Ressentez-vous comme un cœur qui battrait régulièrement dans votre cerveau ? Vos maux de tête s'accompagnent-ils d'une intolérance à la lumière et le moindre mouvement devient-il rapidement insupportable, nécessitant un alitement rapide ? Tous ces signes, vous avez raison, évoquent bien le diagnostic de migraine. Celle-ci peut prendre plusieurs formes, mais en général, le diagnostic sera relativement facile à faire, sans examen complémentaire.

L'hypertension artérielle est une autre cause vraisemblable. Lorsque le sang arrive plus vite et plus fort dans les artères, on assiste à un excès de pression dans ces vaisseaux sanguins. Les maux de tête qui apparaissent alors s'accompagnent d'une sensation de mouches volantes devant les yeux et parfois de saignements de nez. La survenue de ces signes doit vous faire vérifier votre tension artérielle chez votre médecin, à la pharmacie, ou même chez vous si vous avez un appareil homologué d'automesure de la pression artérielle.

Certains maux de tête plus localisés, donnant par exemple l'impression d'une barre douloureuse sur le front, conduisent à soupçonner l'existence d'une sinusite. Les sinus sont des petites cavités de la face, remplies d'air renouvelé en permanence, et communiquant avec les fosses nasales. Quand un des sinus se trouve enflammé, infecté ou mal aéré, le plus souvent à la suite d'un rhume banal, des maux de tête caractéristiques peuvent apparaître. On se mouche – l'écoulement n'est le plus souvent d'ailleurs pas très propre – et l'on se plaint de céphalées plus intenses lorsque l'on baisse la tête vers l'avant (parce que les liquides coincés dans les sinus font alors pression). Le diagnostic de sinusite est facilement établi par le médecin, qui peut s'aider de radiographies des sinus ou d'un scanner pour le confirmer.

Les maux de tête, accompagnés de poussées fébriles, peuvent également être dus à des infections virales comme la grippe. Là aussi, le diagnostic est relativement simple devant l'association maux de tête, fièvre, courbatures diffuses survenue d'un rhume.

Hypocondriaques, je vous ai compris !

    Vous avez pensé en priorité aux causes les plus graves. Vous n'arrivez pas à imaginer les autres causes, les plus fréquentes et les plus bénignes, car c'est bien là votre problème. Mais savez-vous que différents diagnostics peuvent être évoqués et recherchés si vos maux de tête passagers deviennent récurrents, s'installant pour votre plus grand inconfort, vous empoisonnant la vie et suscitant une anxiété grandissante qui ne peut qu'entretenir vos symptômes ? Rien de grave non plus *a priori*. Il faut simplement procéder à quelques vérifications et penser à l'abcès dentaire, toujours possible, à l'arthrose cervicale, à un trouble de la vue insuffisamment corrigé ou qui aurait pu évoluer avec le temps, ou bien, madame, à une mauvaise tolérance à votre pilule contraceptive (surtout si elle contient des estrogènes). Malgré tout, très souvent, aucune cause n'est retrouvée, et il ne faut pas négliger la possibilité d'une origine psychologique, qui serait compréhensible dans le cadre d'un contexte professionnel difficile et stressant ou d'une dépression latente.

    Finalement, le seul mal de crâne qui ne vous inquiète jamais est pourtant bien pénible. Survenant le lendemain d'une fête bien arrosée, vous l'acceptez sans angoisse : l'excès d'alcool vous a joué un mauvais tour, mais c'est de bonne guerre !

Voici quelques conseils pratiques pour ne pas mourir d'inquiétude face à vos maux de tête.

Inutile de souffrir passivement (ce qui ne ferait que rajouter de l'anxiété et de la fatigue), et d'attendre que vos douleurs s'estompent spontanément. Commencez donc par soulager votre douleur à l'aide d'un médicament antalgique comme le paracétamol, à moins que vous ne soyez allergique à ce produit, ce qui reste absolument exceptionnel. Le paracétamol, que vous pouvez acheter sans ordonnance, suffit le plus souvent à faire passer un simple mal de tête, quelle qu'en soit la cause, sauf, bien sûr, s'il est effectivement dû à une tumeur du cerveau !

Ne restez pas passif : quel intérêt pourriez-vous trouver à cultiver une inquiétude qui vous mine, parce que vous ne pouvez pas vous empêcher de penser qu'une maladie grave est à l'origine de vos maux de tête ? Quel bénéfice pourriez-vous tirer à subir passivement ce mal de crâne qui ne vous quitte pas, ou se répète régulièrement ? Attention à la déprime ! Ne vous gâchez donc pas la vie, et consultez. Ne vous affolez pas d'emblée. Tout stress augmente la tension artérielle et fait arriver le sang beaucoup plus rapidement et plus fort dans le cerveau. Evitez donc un stress inutile, cela n'améliorera pas vos symptômes.

Hypocondriaques, je vous ai compris !

Commencez plutôt par prendre rendez-vous chez votre médecin généraliste. Il est en revanche inutile d'aller voir d'emblée un grand migrainologue !

Votre médecin vous connaît et a certainement rapidement compris votre propension naturelle et incontrôlable à envisager des scénarios catastrophiques devant l'apparition de symptômes, même banals. Faites-lui donc confiance. Dans votre cas personnel, il n'hésitera pas à adopter une attitude particulièrement rigoureuse et prudente pour éliminer définitivement si c'est le cas une cause grave à vos maux de tête, et pour trouver un traitement adapté pour les soulager. Il commencera donc par bien vous interroger, afin de savoir quelles sont les conditions d'apparition de ce mal de crâne et son siège exact. Il s'informera également de l'existence de symptômes associés pouvant orienter son diagnostic : troubles visuels, vomissements, nausées, mouches volantes, ou encore existence de problèmes personnels ou professionnels. Il vous examinera ensuite, en n'oubliant pas de mesurer votre tension artérielle. Cet examen est une bonne occasion pour lui d'évaluer votre état de santé général.

À la lumière de vos réponses à ses questions et aux conclusions de l'examen, il pourra prescrire des examens complémentaires pour confirmer un diagnostic ou l'affiner, ou encore pour éliminer définitivement une cause peut-être grave. Les examens les plus fréquemment demandés sont l'examen ophtalmologique complet, les radiographies des sinus de la face, le scanner cérébral et l'IRM cérébrale (Imagerie par Résonance Magnétique nucléaire).

Un mal de tête peut effectivement être le premier symptôme d'une tumeur cérébrale, mais statistiquement vous avez bien plus de chances pour qu'il s'agisse d'une cause beaucoup plus banale.

Par ailleurs, la médecine est un art dans lequel tout ne s'explique pas, et beaucoup de maux de tête ne trouvent pas de cause précise à leur origine. Si c'est votre cas, acceptez sereinement votre situation car vous êtes chanceux : rien de grave ne plane au dessus de votre tête, même si elle vous fait souffrir.

2

J'AI DES TROUS DE MÉMOIRE
Alzheimer, « le » mot dont je me souviens
malheureusement toujours

Votre mémoire vous joue des tours et cela commence sérieusement à vous inquiéter. On ne parle que de maladie d'Alzheimer autour de vous, alors, c'est certain, c'est bien de cette maladie cérébrale qui détériore progressivement vos fonctions intellectuelles, en commençant par s'attaquer à votre mémoire, que vous êtes à coup sûr atteint. La preuve ? Vous oubliez tout le temps quelque chose, vous ne trouvez plus le nom de la personne rencontrée il y a un mois lors d'une réunion professionnelle, vous ne vous rappelez pas le numéro de code de l'immeuble de votre dentiste ou le numéro de téléphone de votre belle-mère à qui vous aimeriez pourtant fêter l'anniversaire ce soir.

Vous avez raison de vous occuper de votre mémoire et de ses défaillances. Vous avez également raison de penser à la maladie d'Alzheimer. 860 000 personnes en sont atteintes aujourd'hui, et leur nombre ne cesse d'augmenter.

Hypocondriaques, je vous ai compris !

Oui mais… Utilisez donc vos quelques neurones encore en état de marche pour appréhender la situation avec discernement.

On compte de plus en plus de personnes atteintes de la maladie d'Alzheimer car le risque d'en être atteint s'élève avec l'âge ; comme notre espérance de vie augmente, le nombre de personnes atteintes augmente parallèlement. Et s'il est vrai que 15 % des personnes de plus de 85 ans sont touchées, on ne recense que 1 % de la population entre 65 et 69 ans touchée par la maladie.

Les statistiques ne suffisent pas à vous rassurer ? Alors consultez. Vous allez être soumis à des tests neuropsychologiques, et votre médecin recherchera d'autres troubles associés, de la pensée, du jugement, du langage, ainsi que des troubles du comportement qu'il est possible de retrouver chez des patients atteints de la maladie d'Alzheimer. Il s'entretiendra avec votre famille pour évaluer vos capacités à faire face aux activités quotidiennes. S'il persiste un doute, même minime, vous aurez droit à une prise de sang, à une ponction lombaire et à une IRM cérébrale à la recherche de lésions au niveau du centre de la mémoire qui se situe dans la zone dite de l'hippocampe dans le cerveau. Malgré votre état, vous vous souviendrez sûrement longtemps de cette épreuve de consultations, de tests et de bilan lourd et perturbant psychologiquement.

J'ai des trous de mémoire

Et si vous vous rappeliez que les troubles de la mémoire sont très fréquents et heureusement dans la majorité des cas bénins ? Il suffit d'être préoccupé, fatigué, stressé, pour voir apparaître des troubles de la mémoire. Vous avez donc raisonnablement beaucoup de raisons, vivant dans une société où tout va trop vite et où les tensions sont si nombreuses, d'être victime d'oublis répétés ou de trous de mémoire.

La mémoire s'entretient, il faut l'exercer, à tout âge. Alors, avant d'aller consulter pour entendre le verdict que votre inconscient vous impose, celui de maladie d'Alzheimer ou de démence débutante, commencez dès aujourd'hui à entretenir votre mémoire, ou ce qu'il en reste, en prenant le temps de dormir un nombre d'heures suffisant la nuit, en inscrivant dans votre planning de la journée vingt minutes de marche à pied active, ou en vous amusant avec les programmes à la mode d'entraînement cérébral.

3
JE TREMBLE
Stupeur et tremblements de la maladie de Parkinson

Vous ne rêvez pas, cela se confirme bien : il vous arrive de trembler, pas beaucoup, certes, mais vous vous inquiétez de ces mains qui tremblent de temps en temps, sans que vous puissiez contrôler leurs mouvements par votre volonté pourtant de fer. Bien sûr, vous avez lu que la maladie de Parkinson est une maladie évolutive, qu'on ne peut pas en guérir, c'est donc bien elle qui démarre et vous venez de prendre conscience d'être atteint de ses premiers symptômes.

La maladie de Parkinson touche aujourd'hui 150 000 personnes en France, alors vous avez raison, c'est une maladie neurologique malheureusement assez courante. Avant d'aller consulter, recherchez tout de même les autres signes de la maladie : avez-vous plus de 60 ans ? La maladie de Parkinson commence rarement plus jeune. Vos tremblements surviennent-ils au repos ? S'accompagnent-ils d'une lenteur dans vos mouvements, et d'une raideur musculaire ? Sont-ils variables d'un jour à l'autre ? Ces signes sont bien évocateurs de cette maladie liée à une carence en dopamine, ce messager chimique essentiel pour contrôler nos mouvements, surtout ceux qui sont automatiques comme le clignement des yeux ou la marche. Ce déficit en dopamine est lié à la destruction progressive et irréversible de neurones qui la fabriquent et qui sont situés dans une zone appelée « substance noire », au centre du cerveau.

Votre inquiétude n'est pas gérable ? Alors mieux vaut consulter votre généraliste, voire un neurologue pour être certain de ne pas passer à côté de ce diagnostic qui vous terrorise.

Vous avez tout d'un coup une seconde raison de vous angoisser : et si le médecin en vous voyant trembler pensait que vous êtes un grand alcoolique ou atteint d'une maladie psychiatrique grave ? S'il ne vous prenait pas au sérieux ? Votre anxiété grandit, et bien sûr, vous tremblez un peu plus.

Que vous disent les spécialistes des tremblements ? Que tout le monde tremble, que c'est physiologique, et qu'il existe des circonstances de la vie qui peuvent expliquer une accentuation des tremblements naturels, comme la fatigue, le stress, le froid ou l'excès de café. Ces situations sont évidemment beaucoup plus fréquentes que les cas de maladies de Parkinson, et évidemment bien bénignes.

Vous n'êtes pas rassuré. Vous n'entendez même

Je tremble

pas qu'un dysfonctionnement de la thyroïde peut aussi être à l'origine de tremblements.

Alors quand le médecin vous parle de tremblements « essentiels », vous pensez qu'il se moque de vous ou qu'il est incompétent. Voilà bien un qualificatif étrange pour un symptôme qui va vous en êtes sûr faire basculer votre vie. Dans le jargon médical, essentiel signifie que l'on n'a pas trouvé d'explication. Pas très encourageant ! Vous pourriez donc être atteint de tremblements inexpliqués, vos muscles recevant des messages nerveux successifs les obligeant à se contracter plusieurs fois, sans aucune raison. Vous n'aviez pas pensé à ce diagnostic plutôt rare mais voilà qu'il vous fait monter à son tour une nouvelle angoisse. Les tremblements « essentiels » se localisent généralement au niveau des muscles de la posture, des mains, du visage ou du cou, et le fonctionnement des cordes vocales peut être perturbé. Dans ce cas, la voix se met également à trembler. Vous n'êtes évidemment pas rassuré en apprenant que le grand problème de cette maladie est qu'il n'existe aucun test spécifique qui permette de la diagnostiquer avec certitude. Les tests biologiques, comme l'analyse de sang ou d'urine, ne détectent rien, et aucune lésion n'apparaît lors des examens cérébraux, le tremblement au cours d'un mouvement étant l'unique symptôme. Cette maladie évolue elle aussi

Hypocondriaques, je vous ai compris !

dans le temps. Les tremblements peuvent s'accentuer et s'étendre à d'autres parties du corps, et aucun traitement actuel ne peut empêcher la progression des tremblements dits « essentiels ». De la prise de médicaments à la stimulation électrique cérébrale, c'est de toute façon l'enfer qui vous attend.

Alors, respirez donc tranquillement et demandez-vous si vous n'avez pas tout simplement pris un peu trop de café depuis ce matin pour calmer votre anxiété…

4

JE VOIS DOUBLE, J'AI DES VERTIGES
Ma vie se met à tanguer

Depuis une semaine, par moment, les objets que vous fixez du regard se dédoublent. Vous commencez à vous inquiéter ! D'autant plus que ce trouble visuel s'associe à une sensation désagréable de vertige, avec le sentiment pendant quelques instants d'être sur le pont d'un bateau en pleine mer. Alors quand ces troubles ont semblé se calmer mais que des maux de tête ont pris la relève, cette fois, la hantise de la tumeur cérébrale ne vous a plus quitté.

Vous avez raison, en tout cas partiellement, car il est vrai que des troubles de la perception pourraient s'expliquer par la pression qu'exercerait une tumeur sur vos structures cérébrales. Celles-ci, situées à l'intérieur de la boîte crânienne, ne sont pas rigides mais bien évidemment compressibles. Et si cette tumeur était effectivement localisée dans l'orbite, cavité où se loge l'œil, tout s'expliquerait facilement.

Le champ oculaire va donc effectivement figurer parmi les premiers domaines d'investigation devant vos symptômes. Mais d'autres causes sont statistiquement plus vraisemblables, alors attendez encore un peu avant de vous lancer dans la rédaction de votre testament.

Les signes que vous présentez évoquent avant tout une crise de migraine, très inconfortable et anxiogène, mais banale et surtout beaucoup plus fréquente que les tumeurs cérébrales. Dans la migraine, la « diplopie », appellation médicale de la vision double, ainsi que la sensation de « vertige », sont très souvent associées aux maux de tête qui se manifestent généralement d'un seul côté, telle que l'étymologie latine « hemicrania » – moitié du crâne – définit la douleur migraineuse classique.

A moins que vous n'ayez été victime d'un traumatisme crânien ou d'un traumatisme de l'orbite, mais vous vous en souviendriez !
Les troubles de la conscience, telle une somnolence anormale, doivent donner l'alarme après un traumatisme crânien, justifiant toujours une surveillance particulière. En effet, le risque de saignements intracrâniens existe, immédiatement après le traumatisme, ou de façon différée. Un scanner cérébral est le plus souvent nécessaire pour établir alors un diagnostic précis.
Les traumatismes de l'orbite peuvent quant à eux

Je vois double, j'ai des vertiges

affecter les muscles qui donnent aux yeux leur liberté de mouvement ; la mobilité oculaire devient alors limitée et douloureuse. Dans cette situation particulière, vous pourriez avoir l'impression que votre œil atteint est plus enfoncé derrière les paupières ou au contraire plus exorbité que son voisin. Seul l'ophtalmologiste pourra vous rassurer ou décider du recours à un traitement chirurgical s'il s'avère nécessaire.

Si l'apparition de vertiges n'a pas encore attiré votre attention sur vos oreilles, sachez que ce sont pourtant bien souvent elles qui sont en cause dans ce type de symptôme. Faut-il encore qu'il s'agisse de véritables vertiges, c'est-à-dire d'épisodes où vous avez le sentiment que vous tournez vous-même autour d'un environnement fixe, ou que cet environnement tourne autour de vous.

Pour garder l'équilibre, votre corps fait appel à vos plantes des pieds, à vos yeux, à votre cervelet mais surtout, à votre oreille interne. Celle-ci est composée de deux parties, la cochlée, responsable de l'audition, et le vestibule, important pour l'équilibre. Lorsque le vestibule se dérègle, des vertiges apparaissent.

La cause la plus fréquente est le fameux vertige positionnel paroxystique bénin, dit le VPPB. Il touche quatre millions de personnes chaque année, deux fois plus de femmes que d'hommes et peut commencer dès l'âge de 20 ans. Il peut se déclencher lors d'un changement de position, en vous levant, en vous couchant ou encore en vous retournant dans votre lit, souvent en deuxième partie de nuit. Si vous avez l'impression que votre chambre tourne autour de vous pendant dix à vingt secondes, et que cette sensation désagréable s'accompagne éventuellement de nausées voire de vomissements, sans aucun trouble de l'audition, c'est que ce diagnostic est très probable. Alors, abandonnez vos idées noires de tumeur du cerveau, consultez un ORL, et rassurez-vous, il sera inutile de lancer une batterie d'examens ; vous aurez néanmoins probablement le droit à une petite manipulation par le médecin pour remettre en place les petits cristaux qui circulent dans votre oreille interne, diagnostiquant et corrigeant dans le même temps vos vertiges et vos angoisses.

Il pourrait sinon s'agir de la maladie de Ménière, si votre sensation de vertige s'associe à des bourdonnements, des sifflements dans les oreilles ou « acouphènes ». La crise vertigineuse est dans ce cas violente et peut persister plusieurs heures ; elle s'accompagne de nausées, de vomissements, de sueurs, d'une pâleur et souvent d'une angoisse, bien compréhensible. Les acouphènes peuvent précéder la crise. La situation est donc bien différente de celle des vertiges paroxystiques bénins puisque dans la maladie de Ménière,

Je vois double, j'ai des vertiges

les troubles de l'audition sont quasi constants au moment des crises.

Le syndrome de Wallenberg peut lui aussi entraîner un vertige, le plus souvent inaugural et rotatoire. Il traduit un défaut de vascularisation cérébrale.

D'autres troubles vasculaires peuvent entraîner des vertiges brefs, notamment lors de mouvements de la tête. Typiquement, une insuffisance dans le système vertébro-basilaire qui irrigue la partie postérieure du cerveau et le cervelet, lui-même responsable de la coordination des mouvements, pourrait expliquer vos symptômes. Cela justifiera de rechercher systématiquement l'existence éventuelle d'une poussée d'hypertension artérielle, facile à diagnostiquer.

Plus banale, une simple arthrose de vos vertèbres cervicales pourrait être à l'origine d e vos symptômes.

Vous n'avez donc que l'embarras du choix face à tous ces diagnostics potentiels, mais parmi eux, c'est toujours la hantise de la tumeur du cerveau qui vous mine. Alors, commencez par prendre un peu de temps de repos, en vous isolant dans le calme : cette mesure simple pourra s'avérer d'un grand secours.

Notez les circonstances d'apparition de vos troubles, leur rythme de survenue, leur évolution. La durée des crises et leur intensité pourront orienter votre médecin, de même que la mise en relation ou non avec des mouvements de la tête.

Ne paniquez pas, même si c'est plus facile à dire ou écrire qu'à mettre en pratique. Une poussée d'hypertension artérielle pouvant engendrer ces troubles, un stress serait vraiment malvenu. Ne pratiquez pas à l'inverse la politique de l'autruche. Lors d'un traumatisme de la face ou du crâne associé à l'un des deux symptômes, diplopie ou vertige, il faut consulter sans attendre votre médecin ou les urgences de l'hôpital.

Votre médecin vous interrogera sur les conditions de survenue de vos vertiges et (ou) d'une vision double, ainsi que sur les symptômes accompagnateurs. Il mesurera votre tension artérielle. Il vérifiera ensuite la présence d'un élément rotatoire dans vos vertiges, éliminant d'autres troubles comme une anémie (diminution de la quantité d'hémoglobine contenue dans le sang), une hypotension artérielle, des malaises hypoglycémiques, un éthylisme chronique ou la prise de certains médicaments, notamment les hypotenseurs, sédatifs, ou diurétiques. Au moindre doute, il complétera votre bilan en demandant un examen ophtalmologique avec prise de la tension oculaire, réalisation d'un fond d'œil et mesure de

Je vois double, j'ai des vertiges

l'acuité visuelle, mais aussi un bilan ORL avec audiométrie et des épreuves vestibulaires ou manœuvres positionnelles de la tête.

Et si tout ce bilan s'avère strictement normal, il vous dira sans doute que c'est tout simplement la fatigue qui est à l'origine de ces épisodes désagréables de scintillements devant les yeux, d'oreilles qui sifflent, de jambes molles et de vertiges inconfortables. Pas d'ordonnance dans ce cas, mais pourquoi pas un moment de repos, ou des vacances à prévoir prochainement ?

5
MES OREILLES BOURDONNENT
Avec des acouphènes, ma vie est un enfer

Ces bruits éphémères ont la furieuse tendance à se répéter à tel point qu'ils ne vous permettent plus d'écouter un morceau de musique jusqu'au bout. N'étant ni Jeanne d'Arc ni à la recherche d'une communication extraterrestre, vous ne pouvez vous empêcher de vous inquiéter. Et si la surdité vous guettait ? Et si une tumeur du nerf auditif était à l'origine de vos symptômes ?

Vous êtes bien renseigné, car les tumeurs du nerf auditif existent bel et bien. On parle alors de neurinome. Il s'agit d'une tumeur bénigne, qui se développe sur le nerf de l'audition et de l'équilibre. Détruisant de façon progressive le nerf auditif, le cerveau a néanmoins le temps de s'adapter à la situation. Dans cette hypothèse diagnostique, c'est la surdité progressive qui vous amènera en premier à consulter. Si vous entendez mal dans certaines situations, au téléphone par exemple, et si vous présentez

Hypocondriaques, je vous ai compris !

par ailleurs des acouphènes, des sifflements permanents des oreilles, des troubles de l'équilibre ou des vertiges, prenez tout de suite rendez-vous chez l'ORL et annoncez-lui brillamment le diagnostic de votre tumeur du nerf auditif. Le traitement en sera très probablement chirurgical. Mais sans attendre l'apparition d'une paralysie faciale, de maux de tête ou d'une anesthésie de la face qui pourraient compliquer la situation, l'ORL demandera tout de même une confirmation de votre diagnostic, avec des tests d'audition et un scanner ou une IRM.

Ne pourrait-il pas s'agir d'autre chose ? Vos bourdonnements d'oreille ne sont peut-être pas dus à un neurinome. En France, plus de 6 millions de personnes souffrent comme vous d'acouphènes, ces bruits subjectifs qui sont perçus au niveau de l'oreille ou du crâne. On peut les entendre d'un seul côté ou des deux. Ils peuvent être transitoires, survenant après un effort ou après un passage bruyant en boîte de nuit, mais ils peuvent aussi être perçus sans interruption, jour et nuit. Cette sensation sonore n'est pas liée à un bruit extérieur : vous êtes la seule personne à entendre vos acouphènes, et à les percevoir essentiellement dans le silence. Ce que vous pouvez entendre varie du simple tintement métallique ou sifflement à celui d'un bruit de tondeuse à gazon.

Vous n'y avez peut-être pas pensé, mais un banal

Mes oreilles bourdonnent

bouchon de cérumen dans le conduit auditif externe peut justifier la survenue d'acouphènes. Un examen à l'aide d'un otoscope (appareil permettant la visualisation du conduit auditif externe et du tympan) pourra le repérer avant d'en obtenir l'évacuation très simple en consultation.

Un traumatisme sonore classique peut aussi être à l'origine de bourdonnements d'oreille. Vos acouphènes sont peut-être apparus après un événement comme l'éclatement d'un pneu, un tir à la carabine, voire une gifle (peu amicale *a priori*) ou une soirée haute en décibels dans une discothèque.

Certains médicaments dits ototoxiques (toxiques pour les oreilles), peuvent aussi expliquer l'existence d'acouphènes. L'aspirine, la quinine, quelques diurétiques ou certains antibiotiques, à des concentrations sanguines plus ou moins élevées, peuvent en effet générer des bourdonnements, et même une surdité.

Mais la première cause à évoquer devant des bourdonnements d'oreille et à rechercher reste la poussée d'hypertension artérielle.

L'un des gestes essentiels à effectuer va donc être la prise de votre tension. Si c'est l'origine de vos maux, le diagnostic sera rapide et un traitement efficace pourra être instauré immédiatement.

Il pourrait encore s'agir d'otospongiose. Sous ce nom, la médecine désigne un défaut de souplesse du mécanisme de l'oreille moyenne lié à l'atteinte d'un tout petit osselet, l'étrier, qui empêche la transmission des sons et de leurs vibrations vers l'oreille interne. L'otospongiose se manifeste entre 20 et 40 ans par une surdité bilatérale qui apparaît progressivement et qui s'associe à des acouphènes. La cause de cette maladie est encore méconnue, mais compte tenu de la fréquence des formes familiales d'otospongiose, on la considère comme héréditaire. Des facteurs hormonaux semblent aussi intervenir, puisque les femmes sont deux fois plus touchées que les hommes. Ce qui vous attend dans ce cas ? Un traitement chirurgical, efficace dans 95 % des cas. Ne guérissant pas l'otospongiose, le geste chirurgical permet de traiter la surdité, à condition que l'oreille interne ne soit pas touchée.

Vos bourdonnements d'oreille ne vous empêchent pas encore de réfléchir et vous pensez peut-être à la maladie de Ménière, où les acouphènes peuvent exister ; mais n'oubliez pas que les symptômes sont surtout dominés par des épisodes de grand vertige de plusieurs heures avec pâleur, nausée et vomissements, associés à des troubles auditifs apparaissant ou s'aggravant durant ces crises. Est-ce vraiment votre cas ?

Les acouphènes peuvent vous rendre fou. Alors, gardez votre calme, surtout la nuit. Le jour, vous aurez moins d'inquiétude, car cette sensation est mieux tolérée dans le bruit de la vie diurne.
Ne vous affolez pas. Une poussée d'hypertension artérielle pouvant expliquer les bourdonnements observés, un stress peut les majorer. Il peut aussi compliquer le diagnostic en induisant une explication initialement erronée.
A l'opposé, ne minimisez pas à outrance. Si les crises sont de plus en plus fréquentes et gênantes, il est nécessaire de consulter votre médecin. Cette consultation est d'autant plus urgente si, en plus de vos bourdonnements d'oreilles, vous avez l'impression d'entendre de moins en moins bien.
Analysez bien les caractéristiques de vos bourdonnements. Elles seront utiles à votre médecin. Le phénomène est-il unique ou répété sous forme de crise ? Existe-t-il des horaires particuliers de leur survenue ? Les acouphènes sont-ils dans l'une ou les deux oreilles ? Se produit-il une surdité pendant ou après la gêne ? Autant de détails fondamentaux pour l'enquête diagnostique.

Hypocondriaques, je vous ai compris !

Après vous avoir interrogé, recherchant vos antécédents médicaux, précisant les caractéristiques de vos bourdonnements et leur contexte d'apparition, votre médecin s'attachera à l'existence éventuelle de signes associés : maux de tête, sensation de vertige… Précisez-lui si vous prenez des médicaments, ou si vous avez subi récemment un traumatisme sonore. Tous ces éléments sont importants pour cette véritable enquête à la recherche de l'origine de vos symptômes.

L'examen comportera ensuite, entre autres, la prise de votre tension artérielle et une otoscopie. Certains examens complémentaires seront parfois nécessaires tels des examens audiométriques ou la réalisation d'un scanner cérébral ou d'une IRM.

Quoi qu'il en soit, pas de panique, car ayez toujours en tête que les bourdonnements d'oreille surviennent le plus souvent de façon exceptionnelle, transitoire et sans séquelles. Ce n'est que s'ils se répètent qu'il faut en rechercher une cause pour laquelle un traitement pourra toujours vous être proposé.

6

JE SAIGNE DU NEZ

Je vais me vider de mon sang,
et mon cerveau avec !

Hier, dans la journée, vous avez saigné du nez pour la première fois. Cela ne vous inquiéterait pas beaucoup si la mésaventure ne s'était renouvelée ce matin même. De plus, le saignement s'est montré encore plus abondant que la veille. « Vous vous videz » et cela commence à vous angoisser sérieusement. En fait, vous avez tout simplement peur que ce saignement soit en rapport avec quelque chose de grave... Une tumeur, par exemple.

Des tumeurs peuvent en effet pousser un peu partout, et c'est bien le problème pour vous qui vous en inquiétez plus que de raison ! Au niveau du nez, ces tumeurs prennent les noms de kyste, de polype, de fibrome (tumeur bénigne formée de tissu fibreux) ou encore de cancer. Elles peuvent se situer dans les fosses nasales ou dans les sinus, ces petites cavités remplies d'air au niveau de la face, comme les sinus maxillaires ou les sinus frontaux par exemple.

Hypocondriaques, je vous ai compris !

Si vos épistaxis, c'est ainsi qu'on appelle les saignements de nez, sont répétées et associées à d'autres signes comme l'obstruction d'une narine s'aggravant de mois en mois, comme des douleurs du visage ou encore sa déformation progressive jusqu'à gêner éventuellement votre vue, vous avez certainement consulté depuis longtemps un ORL et vous avez eu raison car les symptômes d'une telle tumeur n'ont aucune tendance à s'améliorer spontanément, bien au contraire.

Même si vous êtes un peu rassuré quant à l'absence probable d'une tumeur, qui semble en effet peu vraisemblable il n'en demeure pas moins que vous ne pouvez pas vous empêcher de penser que cette épistaxis est très abondante et qu'elle ne va jamais s'arrêter. Et si vous aviez un trouble de la coagulation ?
L'absence ou le manque relatif de certaines protéines de la coagulation peut en effet entraîner des saignements du nez fréquents et prolongés. On remarquera alors d'autres signes comme des hématomes cutanés multiples ou apparaissant au moindre choc. Les prélèvements sanguins établiront cette anomalie qui s'observe dans certaines maladies mais aussi lors de la prise de certains médicaments. Si vous prenez un traitement anticoagulant ou de l'aspirine, mieux vaut consulter votre médecin pour qu'il rééquilibre les doses de votre médicament.

Je saigne du nez

Les causes tumorales des saignements de nez ou les maladies de la coagulation sont heureusement rares. En revanche, saigner du nez est un événement très fréquent et banal, même s'il vous panique parce que vous avez l'impression de perdre beaucoup de sang et de vous « vider », surtout si la survenue de cet épisode vous donne en plus un peu la tête qui tourne.

Pourquoi donc saignez-vous du nez ? La réponse est liée à l'anatomie même de notre nez. Nos deux fosses nasales sont séparées par une cloison cartilagineuse vers laquelle confluent de nombreux petits vaisseaux sanguins. La zone où se rejoignent ces petits capillaires superficiels et fragiles s'appelle la tache vasculaire.

Comprendre cette caractéristique anatomique permet d'accepter qu'en cas d'hypertension dans ces petits vaisseaux, ou quand il fait chaud et que ces capillaires se dilatent, ou encore si vous avez un petit traumatisme (un coup dans le nez !) ou une petite lésion de grattage dans cette zone, vous pouvez saigner du nez, et cela n'a aucun caractère de gravité.

Chez un enfant, on ne sous-estimera pas la possible présence d'un corps étranger comme une cacahuète ou un petit pois dans la fosse nasale. C'est incongru mais ce n'est pas si rare.

Hypocondriaques, je vous ai compris !

Dans un contexte de maladie infectieuse comme la grippe ou bien la scarlatine, vous pourriez saigner du nez. Des infections plus locales comme un rhume, appelé rhinite, peuvent être aussi tout simplement à l'origine de saignements de nez, tout comme le recours systématique et fréquent au mouchoir qui pourrait finir par irriter la fameuse zone fragile de la tache vasculaire de la cloison nasale.

Si vous vous mettez à saigner du nez, soyez pragmatique. Vous pouvez évaluer l'importance de votre saignement, mais seulement avec raison. La surestimation est en effet fréquente car la situation vous impressionne, et c'est naturel. Sachez qu'en général, la quantité de sang perdue ne dépasse pas le volume d'un petit verre à liqueur.

Commencez surtout par stopper l'hémorragie. La technique est simple mais elle doit être bien appliquée pour être efficace. L'exercice consiste simplement à vous pincer le nez avec deux doigts, votre pouce et votre index, en penchant la tête en avant, et pendant dix minutes, pas une de moins ! Le miracle est alors presque toujours au rendez-vous : la tache vasculaire est comprimée pendant un temps suffisant pour ne plus saigner, ni vers l'extérieur, ni vers l'arrière du nez.

Ne vous affolez pas. L'accélération du rythme cardiaque, conséquence de votre stress, ne pourrait que majorer votre tension artérielle et, par voie de conséquence, votre saignement.

Ne penchez pas la tête en arrière, vous risqueriez de déglutir du sang, et de le vomir ensuite. Gardez donc la tête droite, ou mieux, penchez-là en avant.

En attendant les dix minutes nécessaires pour arrêter votre épistaxis, rien ne vous empêche de mémoriser ce qui vous arrive : les circonstances dans lesquelles s'est déclenché ce saignement, son débit, sa quantité, etc. Vous pourrez si vous êtes amené à consulter un médecin lui communiquer plus facilement ces informations.

Une fois l'épistaxis stoppée, n'improvisez pas, et n'arrêtez pas de vous-même un médicament qui serait susceptible de faciliter un saignement ou de l'augmenter sans demander l'avis de votre médecin traitant.

Lorsqu'il s'agit d'un enfant qui saigne du nez, demandez-lui d'abord de se moucher les deux narines. Si le saignement de nez est dû à l'introduction d'un petit corps étranger dans le nez, celui-ci risque de sortir spontanément avec le mouchage, et le problème sera réglé. Dans tous les cas, n'essayez pas d'enlever vous-même un corps étranger dans le nez d'un enfant, car vous risqueriez que l'objet s'enfonce vers l'arrière, et que l'enfant s'étouffe. Dans ce cas, allez plutôt directement aux urgences de l'hôpital ou chez un ORL qui avec du matériel adapté et une bonne expertise, pourra ôter facilement la cause de l'épistaxis de l'enfant.

Si malgré la mise en pratique de ces conseils, votre saignement de nez ne cesse pas, ou s'il récidive plusieurs jours de suite, avec des quantités de sang qui vous semblent inquiétantes, consultez un ORL. Après vous avoir interrogé et pris votre tension artérielle, le médecin s'informera de vos traitements médicamenteux en cours, afin d'éliminer un trouble de la coagulation induit.

Il évaluera également l'abondance de l'épistaxis et son retentissement : une mauvaise tolérance pourrait dans des cas extrêmes se traduire par une baisse de la tension artérielle, une difficulté à respirer, des sueurs ou une accélération de la fréquence cardiaque.

Si vous saignez encore lors de la consultation, l'ORL introduira une mèche spéciale dans votre narine qui comprimera efficacement votre tache vasculaire.

Devant un saignement d'abondance anormale, certains examens sont parfois nécessaires, et un bilan de la coagulation pourra être demandé. A distance du saignement, l'ORL pourra décider de vous cautériser, c'est-à-dire de vous brûler un petit vaisseau trop fragile.

Je saigne du nez

L'épistaxis est parfois impressionnante mais nécessite une prise en charge simple. Il n'est pas rare de ne trouver aucune cause à cette épistaxis. On parle alors de saignement de nez « essentiel », ce qui veut dire sans cause connue. Dans tous les cas, pas de panique, car on ne se vide jamais de son sang par un simple saignement de nez !

7

J'AI UNE BOULE DANS LA GORGE
Et ce n'est sûrement pas un chat !

Depuis deux ou trois jours, j'ai comme une gêne au fond de la gorge qui a plutôt tendance à augmenter, avec des douleurs insupportables lors de la déglutition. En plus, je me sens très fatigué. A tel point que tout me dégoûte, y compris le tabac. L'angoisse monte, incontrôlable, et avec elle une certitude qui ne me quitte plus, celle de la tumeur de la gorge qui va bientôt me faire mourir d'étouffement.

L'écoute hypervigilante que vous avez de votre symptôme ne fait que l'aggraver, et c'est dur à vivre.

Les tumeurs de la gorge peuvent concerner les amygdales, la base de la langue, le fond de la gorge (la paroi postérieure du pharynx), le larynx, les cordes vocales, la partie supérieure de l'œsophage qui permet aux aliments de passer de la bouche à l'estomac, ou encore la thyroïde. Ces tumeurs sont plus fréquentes chez l'homme adulte. Elles s'accompagnent effectivement d'une difficulté à la déglutition mais aussi d'autres signes fréquents : troubles de la voix (dysphonie), douleurs dans les oreilles, douleur au passage des aliments dans l'œsophage ou encore difficulté à respirer (dyspnée). Un trismus, c'est-à-dire une contraction des muscles de la mastication, peut aussi s'observer lors d'une atteinte d'origine amygdalienne.

Deux autres signes inciteront à explorer la gorge de façon plus complète : des crachats sanglants ou bien, à la palpation du cou, des ganglions augmentés de taille.

Le diagnostic des tumeurs de la gorge se fait grâce à un bilan ORL complet, avec le recours à des examens complémentaires, notamment l'endoscopie. Le traitement en est avant tout chirurgical.

Mais une sensation de boule dans la gorge et de difficulté à déglutir a beaucoup plus de chance d'être liée à une autre cause qu'une tumeur. La gravité et l'intensité de la douleur ne signifient pas que la cause est nécessairement grave. D'autres diagnostics sont heureusement beaucoup plus fréquents et banals.

Devant l'inflammation des amygdales, l'angine est la première cause à évoquer, qu'elle soit d'origine virale ou bactérienne. Une gorge rouge et des amygdales augmentées de volume établissent le diagnostic à l'examen.

J'ai une boule dans la gorge

En cas de surinfection, le tableau clinique de l'angine affiche une fièvre importante, des frissons, une fatigue intense avec des douleurs musculaires correspondant au fameux syndrome grippal, des douleurs à la déglutition, une langue chargée et blanchâtre, et des ganglions douloureux sous la mâchoire et dans le cou.

Un simple test au cabinet du médecin permettra de savoir s'il s'agit d'une angine liée à un virus et nécessitant dans ce cas un simple traitement des symptômes par des antalgiques voire un médicament anti-inflammatoire, ou bien s'il existe une surinfection bactérienne, nécessitant alors le recours aux antibiotiques. Quoi qu'il en soit, l'angine est une maladie banale guérissant facilement grâce à un traitement adéquat.

La gorge n'est pas loin de la bouche et il n'est pas impossible que vos symptômes soient liés à une infection de celle-ci.

Des atteintes dentaires ou des infections buccales peuvent expliquer les symptômes ressentis. Les douleurs dentaires sont souvent « projetées » à un autre endroit que leur localisation initiale. L'infection des muqueuses peut venir de mauvaises dents (ou chicots) ou même d'une arête de poisson plantée au fond de la gorge.

Pensez aussi à la possibilité d'un aphte qui pourrait, à lui seul, s'il est placé dans le fond de la gorge, vous donner des douleurs à la déglutition. Si c'est bien d'un aphte qu'il s'agit, il devra avoir disparu en quelques jours, une semaine au plus.

Vous avez toujours raison de vous inquiéter de la possibilité d'un œdème de Quincke, ce gonflement des muqueuses, notamment de la face, qui peut se produire en réaction à une stimulation allergique (piqûre d'insecte, aliments, médicaments…). La lèvre inférieure tend à doubler de volume, comme les muqueuses de la bouche et de la gorge, provoquant une sensation de boule dans la gorge mais surtout une gêne à déglutir et à respirer qui domine le tableau rapidement.

Le reflux gastro-œsophagien, correspondant à un retour anormal d'acidité de l'estomac vers l'œsophage, pourrait aussi expliquer vos symptômes. Des douleurs de la gorge et des sensations de brûlure ou de sécheresse de la bouche peuvent être ressenties dans cette situation. Un traitement adapté permettra aisément la régression de vos troubles.

Les causes possibles sont donc nombreuses pour ce symptôme inconfortable. Il paraît judicieux de noter les circonstances de survenue de vos sensations douloureuses, leur ancienneté et leur mode d'évolution. Le caractère brutal ou chronique de la gêne est

J'ai une boule dans la gorge

en effet un argument de poids dans la recherche des causes, et la prise en charge ne sera pas la même selon qu'il s'agira d'un problème ancien évoluant discrètement et occasionnellement ou d'un problème aigu, initial ou compliquant une pathologie chronique.

Alors, ne perdez pas votre sang-froid. Le stress et l'angoisse sont de grands pourvoyeurs de « boules » dans la gorge. Tout le monde en a déjà fait l'expérience désagréable, que ce soit avant un examen ou lors d'un rendez-vous important ; ce sentiment d'avoir la gorge nouée s'appelle le « globus hystericus ». Sans explication physiologique actuellement, cette sensation désagréable ressemble à une réaction d'étouffement. Le symptôme ne s'aggrave pas pendant la déglutition, il n'y a pas de blocage alimentaire et l'alimentation ou les boissons apportent souvent un bénéfice. Il n'y a ni douleur, ni perte de poids. Mais cette boule peut devenir chronique en cas de souffrance morale non résolue ou pathologique et être calmée par les larmes. Ne seriez-vous pas un peu déprimé ? Parler, se faire comprendre, partager ce mal-être sont de bonnes pistes pour améliorer la situation.

Ne négligez jamais une fièvre importante, un œdème des muqueuses, notamment de la lèvre, une fatigue intense depuis plusieurs mois ou une perte de poids associés à votre trouble de déglutition. Consultez

Hypocondriaques, je vous ai compris !

plutôt votre médecin. Il vous interrogera. Précisez-lui tous les éléments pouvant permettre l'établissement d'un diagnostic : vos antécédents médicaux et chirurgicaux, votre tabagisme même s'il est ancien, l'éventuelle prise régulière d'alcool. Votre médecin vous questionnera sur l'ancienneté et le mode d'apparition de vos troubles, sur leur intensité et sur votre tolérance vis-à-vis d'eux.

Il recherchera ensuite la présence de signes associés comme une fièvre, des troubles du goût, des courbatures, un écoulement nasal ou un changement de timbre de la voix. Un traitement médicamenteux, une épidémie familiale peuvent être des éléments précieux à l'établissement du diagnostic.

Certains examens complémentaires seront peut-être nécessaires pour préciser l'origine de vos troubles comme un bilan biologique sanguin, un examen de la cavité buccale à l'aide d'un miroir, une rhinoscopie ou une laryngoscopie. Le recours au scanner de la région intéressée est parfois discuté.

Rappelez-vous qu'il y a de grandes chances pour qu'un mal de gorge entraînant une sensation de douleur ou de boule qui survient brutalement soit en rapport avec une cause infectieuse. Le fameux « globus hystericus » reste pourtant un grand pourvoyeur de gêne réelle, heureusement sans critère de gravité, mais imposant une grande empathie de la part de votre médecin et de votre entourage.

8

J'AI COMPLÈTEMENT PERDU MA VOIX
Aphone à vie ?

Ce matin, votre voix semble différente de l'ordinaire, rauque comme si vous aviez hurlé toute la nuit. En plus, une toux sèche est apparue avec la sensation de picotements dans la gorge. C'est sûr, vous payez aujourd'hui pour toutes les fêtes, tout l'alcool et tout le tabac du monde. Un mauvais pressentiment vous hante : et si vous aviez une tumeur des cordes vocales, votre voix s'éteindrait-elle définitivement ?

Vous pensez naturellement en premier lieu à un cancer des cordes vocales, surtout si vous êtes fumeur, car vous savez que le cancer du larynx est souvent lié au tabagisme. Dans ce cas, la perte de votre voix, ce qu'on appelle la dysphonie, va persister et perdurer au-delà de quatre semaines. Ne restez pas angoissé, mais agissez et consultez un ORL qui vous examinera et réalisera un bilan complet. Vous aurez droit à une laryngoscopie, d'abord indirecte à

Hypocondriaques, je vous ai compris !

l'aide d'un miroir qui visualisera vos cordes vocales, puis directe à l'aide d'un endoscope, sous anesthésie locale, puis éventuellement sous anesthésie générale au bloc opératoire.

Si ce diagnostic est retenu, vous pourrez vous dire que votre cancer a été pris en charge tôt, avant que des ganglions ne soient atteints à leur tour, et cela grâce à votre vigilance extrême ; un traitement chirurgical assurera alors votre guérison.

D'autres tumeurs, cette fois-ci bénignes, pourraient être à l'origine de votre dysphonie. A l'examen, plutôt qu'un cancer, l'ORL peut visualiser un nodule, un granulome, un kyste, un polype, autant de formes différentes de petites tumeurs responsables du même symptôme : vous êtes aphone.

Leurs origines sont multiples, de la fatigue vocale au malmenage de la voix, surtout si vous êtes enseignant, homme politique ou chanteur, si vous criez beaucoup, ou encore si vos cordes vocales ont été irritées suite à une intubation à l'occasion d'une intervention chirurgicale ou à un reflux gastro-œsophagien (reflux anormal d'acidité de l'estomac vers l'œsophage).

Une fois passé en revue toutes ces causes tumorales, penchez-vous plutôt sur l'éventualité d'une laryngite aiguë. Principale cause à évoquer car la

J'ai complètement perdu ma voix

plus fréquente, cette inflammation aiguë du larynx associe, le plus souvent à la suite d'un rhume banal, un enrouement, une voix rauque et voilée et une toux sèche avec une sensation de gêne laryngée. On dit autour de vous lorsque vous toussez que vous ressemblez à un chien qui aboie ! Vous n'avez plus qu'à vous taire, à mettre le peu de voix qui vous reste au repos, et à attendre que votre voix normale revienne, ce qui arrivera au bout de quelques jours. L'inflammation du larynx évolue en effet de façon favorable rapidement, surtout si on associe au repos de la voix quelques jours de traitement anti-inflammatoire.

La laryngite peut évoluer vers la chronicité et les symptômes qui perdurent sont alors liés à l'augmentation de l'épaisseur des cordes vocales imputable à l'inflammation. Le tabac est un facteur favorisant, tout comme le malmenage vocal.

Parmi les scénarios catastrophe, vous pourriez évoquer tant qu'à faire la survenue d'une paralysie du larynx, d'un ou des deux côtés, suite à un traumatisme interne ou externe, comme une opération chirurgicale ou une atteinte virale. Le diagnostic est alors apporté par un examen optique du larynx, pendant la laryngoscopie au miroir.

Il est même possible qu'après un cri strident du genre *We are the champions* ou bien *On a gagné*,

Hypocondriaques, je vous ai compris !

vous perdiez tout d'un coup votre voix : c'est ce que l'on appelle *le coup de fouet laryngé*, qui entraîne le claquage d'un petit vaisseau à la surface d'une corde vocale, et la dysphonie.

La voix est un bien précieux qu'il faut protéger. Supprimez donc tous les facteurs qui l'exposent dangereusement. Le surmenage vocal est très souvent à l'origine de dysphonie chronique. Celle-ci peut générer sur une longue durée des lésions véritables. Ne malmenez donc pas votre voix, et n'hésitez pas à faire appel à un orthophoniste pour vous apprendre à bien l'utiliser, surtout si vous exercez un métier à risque comme l'enseignement, la vente sur les marchés, tout autre métier faisant appel à la prise de parole en public, ou encore le chant à haut niveau.

Est-il utile de vous rappeler aussi que le tabac tout comme l'alcool sont des ennemis pour votre voix ?

Même si se retrouver aphone un matin peut vous paraître inquiétant, soyez lucide, il n'y a pas vraiment d'urgence. La seule véritable urgence est de mettre vos cordes vocales et votre larynx au repos. Alors, ne forcez pas.

Ne laissez pas pour autant un trouble de la voix traîner. Une dysphonie de plus de quatre semaines est considérée comme chronique et nécessite alors de façon systématique un examen sérieux et complet des cordes vocales par un ORL.

Votre médecin vous interrogera. Précisez-lui les circonstances d'apparition de vos troubles, leur évolution, leur durée, mais aussi vos antécédents médico-chirurgicaux et votre usage actif ou ancien du tabac ou de l'alcool. Votre contexte professionnel, l'atmosphère peut-être confinée et polluée dans laquelle vous vivez sont également des éléments importants à connaître.

Le médecin recherchera ensuite la présence de signes associés, une difficulté respiratoire, une toux ou encore une sensation douloureuse lors du passage des aliments dans la gorge. Il écoutera votre voix, fera un examen de votre cavité buccale, de votre gorge et de la partie supérieure de votre larynx à l'aide d'un miroir, puis il palpera vos aires ganglionnaires, celles du cou en particulier.

Certains examens complémentaires plus poussés pourront être nécessaires à l'établissement du diagnostic, comme une laryngoscopie sous anesthésie générale permettant la réalisation de prélèvements.

Ecoutez-vous plutôt parler, car il est possible que le temps passé à ressasser tous ces diagnostics inquiétants ait suffi à ce que votre voix, tranquillement après deux ou trois jours de repos vocal, ait retrouvé

Hypocondriaques, je vous ai compris !

son timbre et son intensité. Finalement, cette voix rauque n'était peut-être tout compte fait que la suite d'une soirée bien arrosée, d'un match de foot ou d'un concert où vous vous êtes enthousiasmé plus fort que votre voix ne pouvait le supporter, ou d'une simple fatigue vocale passagère. Alors détendez-vous et chantez…

9

MA LANGUE EST BLANCHE
*Je ne comprends pas
cette langue… étrangère !*

La situation est trop étrange pour être anodine : une douleur sur un bord latéral de votre langue vous gêne, tout comme cette petite plaque blanchâtre qui est apparue en regard de la zone sensible. Vous connaissez bien le rôle favorisant du tabac et de l'alcool sur les cancers de la langue, et vous êtes évidemment inquiet. Fumeur et trinquant de bon cœur en société, vous êtes à coup sûr le dernier candidat de ce fléau. Peut-être avez-vous raison, mais tournez donc sept fois votre langue malade dans votre bouche avant de vous convaincre de ce diagnostic grave, ou mettez-la dans votre poche, le temps de réfléchir aux causes banales et autres troubles mineurs qui pourraient bien expliquer de façon beaucoup plus probable vos symptômes.

Le cancer de la langue est un cancer relativement fréquent, touchant plutôt les hommes après 40 ans. Le tabagisme et la consommation régulière d'alcool

Hypocondriaques, je vous ai compris !

sont effectivement des facteurs de risques de développement de ce type de maladie grave. Les signes évocateurs ne se limitent pas à une ulcération simple d'un bord de la langue. Celle-ci ne guérit pas, peut saignoter, semble reposer sur une base indurée et peut être associée localement à une plaque blanchâtre qui devient de plus en plus dure et irrégulière. De plus, une gêne pour mastiquer, voire pour parler, apparaît, et des ganglions dans le cou deviennent palpables. Si vous présentez tous ces signes, consultez sans attendre un ORL qui pourra rapidement comprendre de quoi il ressort.

Soyez raisonnable. Vous avez heureusement beaucoup plus de chance que cette petite plaque blanchâtre soit un aphte. En effet, près d'une personne sur cinq est concernée par les aphtes. Il s'agit de petites ulcérations superficielles que l'on retrouve dans la cavité buccale. Ces petites taches blanches ou légèrement jaunâtres, avec des bords parfaitement nets, de un à deux millimètres de diamètre et encerclées d'un halo rouge, se développent sur la muqueuse buccale, à l'intérieur des joues, sur les gencives, ou bien sur la langue. Les causes de cette affection restent inconnues, mais il existe quand même quelques éléments déclencheurs : les plus fréquents sont la fatigue physique, le stress, les allergies ou une sensibilité particulière à des aliments, comme les agrumes, les ananas, les produits laitiers, ou même le vinaigre. D'autres facteurs plus rares peuvent favoriser la survenue des aphtes : les carences en fer, en acide folique et en diverses vitamines ; chez les femmes, les changements hormonaux du cycle menstruel peuvent aussi s'accompagner de l'apparition d'aphtes. Les aphtes ne constituent pas une menace pour la santé, sauf quand ils sont révélateurs d'une maladie sous-jacente comme le sida ou un cancer. Ils peuvent alors envahir toute la bouche et gêner l'alimentation. Dans tous les autres cas, ils ne sont ni infectieux ni contagieux. Leur seul problème est de provoquer une douleur pendant au moins trois à quatre jours et de fréquemment récidiver. Les petits moyens sont utiles, tels les gargarismes, crèmes, onguents anti-douleurs, voire homéopathie, pour en venir à bout.

Votre langue blanchâtre peut aussi être le résultat de la visite d'un champignon. Le premier et le plus célèbre à soupçonner est le *Candida Albicans*, d'une banalité désarmante, mais capable de provoquer des dépôts blancs, plus ou moins filamenteux, à l'origine de douleurs buccales à type de brûlures. Il n'est pas rare qu'une dysphagie, c'est-à-dire une gêne pour avaler et s'alimenter, l'accompagne. Un traitement anti-mycosique (anti-champignons) viendra à bout de ces symptômes de façon rapide et spectaculaire.

Hypocondriaques, je vous ai compris !

Votre langue peut aussi être tout simplement qualifiée de langue saburrale. Cela signifie que vous avez la langue pâteuse, qu'elle est recouverte d'un tapis blanc grisâtre en relation avec un syndrome infectieux quelconque, un trouble digestif banal ou une consommation d'alcool un peu excessive. Il n'y a aucune gravité à ce symptôme.

Relativisez donc les choses. Dans un premier temps, inutile de vous inquiéter. Une plaque blanche, buccale, d'apparition récente, est rarement synonyme de gravité.

Observez bien la situation. Depuis quand sont apparues ces petites taches blanchâtres et douloureuses ? Quels éléments vous semblent les avoir déclenchées ? Prenez-vous des médicaments ? Et si oui, lesquels ? Vous préparez déjà ainsi vos réponses aux questions que vous posera votre médecin si vos symptômes ne s'arrangent pas rapidement ou vous font trop souffrir.

Pratiquez une hygiène bucco-dentaire rigoureuse. Ce conseil universel vaut peut-être plus encore pour les personnes portant des prothèses. En effet, un mauvais état bucco-dentaire risquerait de pérenniser une lésion même discrète. Les soins seront à la mesure de la plaie. Un tabagisme actif ne peut que majorer les troubles observés. Décidément, le tabac n'apporte que des soucis pour la santé, mais vous le savez déjà, et arrêter, ce n'est évidemment pas facile.

N'arrêtez pas de votre propre initiative un traitement médicamenteux qui vous semblerait concomitant à l'apparition d'une plaque blanche sur votre langue. Il n'y a pas forcément de relation de cause à effet !

Enfin, en cas de mycose confirmée, gardez vos baisers pour vous quelque temps !

Pour une fois, faites confiance à votre médecin. Il pourra vous apporter ses conseils, rechercher certaines causes déclenchantes, inspecter votre bouche et palper les aires ganglionnaires de votre cou. Un examen bactériologique et mycologique d'un prélèvement (par écouvillon), une fibroscopie gastrique ou encore un bilan sanguin pourront venir en complément si nécessaire.

Pas d'angoisse donc pour une plaque blanche sur la langue. Un traitement médical adapté la reléguera facilement au rayon des mauvais souvenirs. De plus, si vous demeurez inquiet, souvenez-vous que la lésion d'une tumeur revêt des aspects si différents des autres causes qu'il est difficile de la confondre avec toutes les petites affections beaucoup plus fréquentes et sans gravité.

10

JE CRACHE DU SANG
Une vraie raison de me faire du mauvais sang

Depuis quelques jours, vos crachats sont signés par des traces ou des filets de sang. Au même moment, les restructurations vont bon train dans votre entreprise et l'on parle d'un grand plan de licenciement économique : ce n'est donc évidemment pas le moment idéal pour arrêter la cigarette. Et voilà, le bilan est navrant, le stress vous entraîne à fumer de plus en plus. La cigarette, vos 40 ans (ou vos 50), les antécédents de maladies pulmonaires dans la famille, tout se rejoint et ça y est, c'est sûr, cela devait arriver, le poumon vous dis-je…

Vous êtes persuadé que vos crachats sanglants sont dus à un cancer du poumon.

Si vous avez raison de penser que les fumeurs sont la cible de choix du cancer du poumon, en revanche, l'émission de sang n'est pas systématique dans cette pathologie qui se distingue également par la présence d'autres symptômes. La toux y est très

Hypocondriaques, je vous ai compris !

fréquemment associée, mais également la perte de poids et d'appétit, ainsi que la sensation d'une fatigue intense. Mais faut-il seulement vous rassurer ? Ou seulement vous plaindre d'être avant tout encore un fumeur victime de son addiction ?

Vos crachats sanglants ont heureusement beaucoup plus de chance de provenir d'un saignement au niveau de la bouche. Les plaies buccales sont fréquentes et surviennent par inadvertance. Par exemple, l'un de vos amis vous raconte une bonne blague et vous tape dans le dos par surprise ; vous vous mordez la joue, ou la langue, sans même vous en apercevoir… Et quand à cause du stress chronique qui vous mine vous vous grignotez inconsciemment l'intérieur des lèvres ou des joues, vous avez bien là une explication simple à l'existence de certaines traces sanguinolentes dans vos crachats.

Autre piège classique devant l'émission de crachats sanglants, celui d'un écoulement sanguin nasal s'évacuant par la gorge au lieu du nez, et éliminé partiellement par la bouche lors de crachats.

Avez-vous vérifié récemment l'état de vos gencives ? Depuis quand n'êtes-vous pas allé faire un bon check-up chez votre dentiste ? Une hypersensibilité des gencives peut être responsable de saignements au moindre contact. Commencez donc par changer votre brosse à dents à poils durs pour une nouvelle à poils plus souples et consultez votre dentiste pour trouver le traitement le mieux adapté.

Des saignements réguliers et répétés de tout organe, bouche comprise, peuvent faire évoquer un déficit ou un problème touchant au mécanisme complexe de la coagulation. La prise d'un médicament anticoagulant, prescrit par exemple pour un problème cardiaque ou vasculaire, peut également être à l'origine de votre symptôme.

Avant de paniquer pour une bonne raison, faites la part des choses. La démarche diagnostique va être différente si vous présentez non pas des crachats avec des filets de sang, mais de véritables vomissements de sang. Dans ce cas, deux possibilités, soit vos vomissements sanglants sont rouges, on parle alors d'hémoptysie, soit ils sont noirâtres, témoignant alors de crachats de sang digéré, et l'on parle d'hématémèse. La médecine a décidément un vocabulaire bien particulier.

Si le sang vomi est rouge, et survient au décours d'un effort de toux, il faudra évoquer un problème respiratoire dont les causes sont multiples, de la tuberculose à la pneumonie, en passant par l'em-

Hypocondriaques, je vous ai compris !

bolie pulmonaire ou le cancer broncho-pulmonaire que vous craignez tant.

Si le sang craché est de couleur noire, on pensera en priorité à un problème trouvant son origine entre le haut de l'œsophage et le début de l'intestin grêle. Il s'agira alors de sang plus ou moins digéré provenant de l'érosion d'une zone bien précise de votre tube digestif. Mais dans ce cas, ces saignements n'ont rien à voir avec de simples traces de sang.

Ne paniquez donc pas mais évaluez tout d'abord votre saignement : s'agit-il de simples traces de sang comme un rainurage au sein d'un crachat, de taches distinctes, ou de la présence massive de sang ? Quelle est sa couleur : rouge vif, noir, marron ? Son goût est-il métallique ou terreux ? Autant d'informations qui se révéleront précieuses pour le médecin que vous allez dans tous les cas consulter. Il ne serait en effet pas raisonnable de ne pas prendre en considération ces crachats sanglants au motif qu'ils sont parfaitement indolores. Ne pas consulter pourrait retarder la prise en charge d'une maladie éventuellement grave.

Même si vous ne connaissez pas encore le diagnostic, vous pouvez déjà décider d'arrêter dès que possible votre tabagisme ; cette décision ne pourra être que bénéfique. Vous limiterez ainsi la toux irritative qui entretient un état pseudo-inflammatoire de votre gorge.

Je crache du sang

En revanche, ne prenez pas de vous-même l'initiative d'arrêter un traitement que vous soupçonnez être à l'origine de vos crachats sanglants. Il est préférable également de ne pas non plus décider seul de prendre de nouveaux médicaments, particulièrement ceux qui pourraient avoir un impact sur votre coagulation.

Votre médecin ne vous reprochera jamais de consulter pour des crachats sanglants. Après vous avoir interrogé sur les circonstances de vos crachats (ancienneté, abondance et caractéristiques), il s'informera sur vos antécédents, cardiaques et pulmonaires en particulier. Il recherchera d'autres signes associés pouvant orienter le diagnostic : existence de toux, de vomissements, de fièvre, d'une douleur dans la poitrine, d'une fatigue intense, d'une perte de poids, etc.

Son examen s'attachera d'abord à retrouver une cause buccale à vos saignements et à rechercher des signes d'atteinte pulmonaire en vous auscultant.

Si nécessaire, il vous prescrira des examens complémentaires tels des radiographies des poumons, un scanner ou un IRM thoracique, une fibroscopie bronchique ou gastrique, ou encore un examen plus approfondi de la gorge, du nez et du larynx par un ORL. La prescription d'examens

Hypocondriaques, je vous ai compris !

complémentaires n'est pas en soi synonyme de gravité. Ces examens permettent d'orienter efficacement le médecin vers certains diagnostics mais surtout d'en éliminer d'autres !

Les crachats sanglants sont un des symptômes permettant d'évoquer une tumeur du poumon, mais il existe d'autres pathologies ou des troubles de moindre gravité pouvant expliquer l'aspect sanglant de ces crachats. Consulter son médecin généraliste est donc la meilleure manière de ne pas se faire de mauvais sang !

11

J'AI UN GANGLION DANS LE COU
J'ai vraiment les boules !

Dans vos bonnes résolutions pour être en forme et moins stressé, ce matin, jogging... Vous courez depuis dix minutes. C'est le moment de prendre votre pouls. Vous avez l'habitude : un pouce d'un côté, l'index de l'autre, vous vous palpez le cou. Mais là, horreur et stupéfaction ! Vous sentez bien votre cœur battre la chamade dans vos artères carotides (les artères du cou qui montent vers la tête), mais vous sentez aussi une petite boule roulant sous la peau, sous l'angle de votre mâchoire. Elle n'est guère plus grosse qu'un petit pois mais, c'est incontrôlable, elle vous fait monter une bouffée de chaleur qui vous envahit. Fièvre ? Angoisse ? Ce qui est certain, c'est que vous venez de découvrir par inadvertance un ganglion et qu'il s'agit sûrement d'une métastase sournoise d'un cancer qui se terre quelque part et qui va bousculer votre vie. Vous n'aviez vraiment pas besoin de ça !

Hypocondriaques, je vous ai compris !

Les ganglions, dénommés adénopathies dans le jargon médical quand ils augmentent de volume, sont des petites boules du système lymphatique, ce système immunitaire très au point nous permettant de nous défendre contre l'attaque de nos dangereux adversaires, virus, bactéries ou autres agents étrangers indésirables.

Le pire des cas, et vous y avez tout de suite pensé, c'est que le ganglion que vous venez de découvrir soit envahi par des cellules cancéreuses qui le font augmenter de volume et le rendent maintenant très facilement palpable par vos doigts terrorisés.

Vous avez raison, un cancer de la sphère ORL peut en effet se propager et des cellules cancéreuses aller envahir des ganglions du cou. Plus fréquents chez les grands fumeurs et consommateurs excessifs d'alcool, les cancers ORL peuvent se traduire par des symptômes locaux que vous aurez certainement déjà repérés bien avant la découverte de votre petit ganglion. Si vous n'avez pas remarqué une plaie qui durcit au niveau de votre bouche, si vous n'avez pas de difficultés particulières à mastiquer ou à avaler, si vous n'êtes pas enroué et que vous n'avez pas non plus d'expectorations sanguinolentes, mieux vaut aller chercher une autre cause à votre ganglion.

D'autres types de cancers qu'il est compréhensible de redouter vous viennent à l'esprit. Une leucémie ? Un lymphome ? Le sida ?

Si l'idée du sida ne vous perturbe pas, c'est que vous ne vous sentez pas concerné. Tant mieux !

Mais la leucémie... La leucémie est un cancer du sang. Qu'il s'agisse d'une forme aiguë ou d'une forme chronique, elle peut se traduire par des symptômes directement liés à l'atteinte des cellules qui y circulent, les globules rouges, les globules blancs et les plaquettes. Fatigue, souffle court, pâleur feront craindre une anémie, et si ces signes s'associent à une fièvre, à une perte de poids, à des gencives qui enflent ou surtout à un malaise général, mieux vaut consulter, pour que le médecin vous examine de la tête aux pieds et demande une prise de sang pour en avoir le cœur net.

Le lymphome est un cancer qui concerne le système lymphatique et auquel vous pensez facilement car on en diagnostique de plus en plus. N'oubliez pas un détail : la raison en est très probablement l'allongement de notre espérance de vie, puisque ce cancer survient le plus souvent après 60 ans. Est-ce votre cas ? Peut-être, si les symptômes généraux d'une maladie cancéreuse sont présents : une grande fatigue, un amaigrissement notoire, un appétit d'oiseau, associés à une fièvre traînante.

Hypocondriaques, je vous ai compris !

Non, raisonnablement, vous ne vous reconnaissez pas à travers la description de tous ces symptômes. Mais votre ganglion est toujours bien présent, et vous voulez savoir la vérité, car votre inquiétude est comme d'habitude non maîtrisable.

Comme vous ne pouvez pas vous empêcher de systématiquement penser au pire et que cela vous empêche de vivre sereinement, vous pouvez, pour tenter de calmer votre stress, passer en revue toutes les maladies, assez nombreuses, même si ce ne sont pas les plus fréquentes ni les plus bénignes, qui pourraient justifier de la présence de cette adénopathie au niveau du cou.

Vous éliminerez rapidement la possibilité d'une épiglottite si vous n'avez pas une fièvre élevée ni une gêne majeure pour avaler ou pour respirer ; d'ailleurs, vous vous souvenez que cette urgence médicale concerne plutôt les enfants.
Mais un phlegmon de l'amygdale pourrait donner une situation tout aussi spectaculaire, et ce mal de gorge intense, avec des douleurs irradiant dans les oreilles, associées à de grandes difficultés pour avaler, voire pour ouvrir la bouche, ne vous feraient pas traîner pour aller en urgence consulter un ORL.
Ne pourrait-il s'agir d'un ganglion lié à une mononucléose ? Votre seule consolation serait que l'on

vous a toujours dit qu'il s'agissait de la maladie des amoureux, puisque le virus responsable se transmet particulièrement bien par les baisers. En attendant, l'angine causée par cette fichue maladie infectieuse qui risque de vous fatiguer pendant plusieurs semaines serait bien la responsable de la présence de votre ganglion. A vérifier avec votre médecin qui regardera évidemment votre gorge lorsqu'il vous examinera.

Votre culture générale et vos souvenirs d'enfance vous ont permis d'éliminer la possibilité d'une rubéole. Bravo ! En effet, si vous êtes vacciné, pas de risque. Le vaccin est efficace.

En revanche, ne pourrait-il s'agir de la toxoplasmose, cette maladie due à un parasite qui se transmet par les chats ? Vous détestez les chats ? Et vous détestez aussi la viande de mouton qui pourrait véhiculer le parasite lorsqu'elle n'est pas très cuite, alors, il s'agit d'autre chose.

La liste est longue de ces maladies infectieuses pouvant expliquer la présence d'un ou de plusieurs petits ganglions dans le cou. Maladies virales comme l'hépatite ou l'infection à cytomégalovirus, maladies bactériennes comme l'angine à streptocoque ou la maladie des griffes du chat, ou encore infections

Hypocondriaques, je vous ai compris !

parasitaires (d'autres parasites que celui de la toxoplasmose peuvent en effet s'avérer responsables), on ne peut toutes les citer, mais la démarche pour en faire le diagnostic reste la même : un bon examen par un médecin puis une prise de sang à laquelle vous n'échapperez pas pour mettre en évidence le coupable.

Avant de prendre rendez-vous chez votre médecin, réfléchissez. La présence d'une adénopathie est le témoin d'une réaction de défense de votre corps face à l'existence d'un foyer infectieux ou inflammatoire qui se trouve à proximité. Posez-vous donc les bonnes questions : avez-vous eu dernièrement un rhume, une rhinopharyngite, une otite, une infection des dents, des gencives ou encore un aphte ? Etes-vous en forme ou avez-vous d'autres symptômes associés, comme de la fièvre ou une fatigue intense ? Avez-vous maigri récemment ou perdu l'appétit ? Dans le doute, et surtout si cette adénopathie devient dure ou qu'elle grossit, mieux vaut consulter votre médecin sans attendre.

Celui-ci réalisera un examen méticuleux. Il palpera d'abord votre cou, recherchant la présence de ganglions sous le menton, sous l'angle de la mâchoire, sur les côtés du cou et au-dessus de la clavicule. Il s'attachera surtout, outre la localisation de votre ou de vos ganglions, à apprécier leur taille et leur consistance. Il regardera si votre ganglion est mobile ou non et s'il est douloureux. Il palpera ensuite toutes les autres aires ganglionnaires, recherchant la présence de ganglions au niveau des aisselles et de l'aine en particulier. Ne vous étonnez pas qu'il vous palpe l'abdomen, le but est d'apprécier la taille du foie et de la rate, cette dernière faisant partie du système lymphatique, comme les ganglions.

Le contexte d'apparition de la petite boule du cou qui vous inquiète est essentiel, car vous ne pouvez tout de même pas avoir toutes les maladies, de la plus grave à la plus bénigne en même temps ! Les conclusions de l'examen de votre médecin le sont tout autant et l'amèneront à décider de l'opportunité ou non de vous prescrire des examens complémentaires s'il persiste le moindre doute diagnostique. Les plus fréquents sont l'examen ORL complet et la prise de sang. Quelquefois, la ponction de l'adénopathie ou ganglion, à l'aide d'une aiguille, est nécessaire, à moins que l'ORL ne préfère enlever chirurgicalement le ganglion pour en faire la biopsie. Une simple échographie est parfois utile pour s'apercevoir qu'il ne s'agissait pas d'un ganglion mais d'un kyste rempli de liquide, ou d'une boule de graisse.

Evidemment, vous avez raison de vous inquiéter

Hypocondriaques, je vous ai compris !

a priori de la découverte d'une petite boule, car il est vrai que des maladies graves peuvent, dans leur manifestation, s'exprimer entre autres par un ou plusieurs ganglions du cou.

Mais le symptôme est tellement fréquent et banal qu'il est difficile de conserver cette hypothèse sombre très longtemps à l'esprit.

On ne vous reprochera jamais de consulter si vous êtes inquiet. En revanche, si le bilan est strictement normal, rassurez-vous vite !

12

JE TOUSSE VRAIMENT BEAUCOUP
C'est sûrement mon cancer qui s'époumone !

Vous n'arrêtez pas de tousser. Et cela fait presque deux mois que ça dure. Vous êtes au bord de la crise de nerfs, mais aussi de l'épuisement. Votre entourage commence à se lasser de la situation, et ne perçoit qu'à peine votre angoisse qui croît chaque jour davantage. La tuberculose ou le cancer du poumon ne seraient-ils pas en train de faire des ravages à l'intérieur de vos poumons ?

Décidément, c'est toujours la crainte d'un cancer qui vous mine. Et si vous fumez, la crainte du cancer du poumon vous hante plus que de raison. Vous avez toujours l'intention d'arrêter la cigarette, car vous savez que le risque de cancer commencera à diminuer dès la première minute de l'arrêt de votre addiction, mais pour l'instant, vos fumez... et vous toussez. Votre toux est votre seul symptôme, mais dure depuis plusieurs semaines et vous inquiète sérieusement. Vous avez raison d'évoquer ce diagnostic car le cancer du poumon doit toujours être recherché, surtout chez les fumeurs. En général, d'autre symptômes s'associent à la toux, tels des crachats sanglants, et surtout une altération de l'état général avec une fatigue, une perte de l'appétit ou encore un amaigrissement. Vous n'avez aucun de ces signes ? Il vaut mieux rechercher une autre cause plus probable à votre toux rebelle.

Puisque la possibilité d'un cancer du poumon semble écartée dans un premier temps, vous restez persuadé que votre tabagisme est à l'origine de votre toux. A lui seul, le tabac peut en effet expliquer votre toux isolée. Sachez qu'elle disparaîtra en deux à trois semaines après l'arrêt du tabac. Alors, c'est décidé, vous arrêtez de fumer ?

Vos bronches ont pu souffrir et vous pouvez être atteint d'une bronchite chronique. Si c'est le cas, sachez que votre toux sera plutôt grasse, avec des expectorations. La radio et la fibroscopie seront utiles au diagnostic.

Votre voisine vous a parlé de coqueluche. Drôle d'idée ? Eh bien non, les voisines ne véhiculent pas que des commérages. En effet, la coqueluche n'est pas seulement une maladie infantile. Elle concerne aussi les adultes, provoquant une toux très pénible et fatigante pendant plusieurs semaines. Les quintes de toux intenses de la maladie évoquent le chant du coq, d'où le nom de la maladie : la coqueluche. Aujourd'hui, un tiers des toux persistantes et inexpliquées sont en fait provoquées par une coqueluche. Alors, si votre toux traîne depuis plusieurs semaines, qu'elle survient souvent par quintes, qu'elle s'aggrave la nuit, pouvant gêner éventuellement votre respiration, il est logique que votre voisine ou vous-même évoquiez ce diagnostic. Une simple prise de sang prescrite par votre médecin permettra de mettre en évidence la bactérie responsable de votre malheur, la *Bordetella pertussis*, un nom compliqué choisi en l'honneur de Jules Bordet qui découvrit le germe en 1906 à l'Institut Pasteur.

Et si vous étiez une nouvelle victime de la grippe porcine, la terrifiante grippe A (H1N1) ? Une préoccupation internationale, peut-être, mais qui devient pour vous aujourd'hui une préoccupation bien personnelle ! Vous avez entendu que la grippe porcine touche « des jeunes adultes en bonne santé », et c'est votre cas. Qu'elle peut provoquer parmi ses symptômes une toux, et c'est également votre cas. Mais si vous n'avez ni fièvre ni maux de tête ni courbatures, et si personne dans votre entourage n'est atteint, soyez raisonnable. Comment auriez-vous pu attraper ce virus qui se transmet d'homme à homme ? Lisez tout de même les conseils pratiques page 183.

Hypocondriaques, je vous ai compris !

La tuberculose n'est toujours pas rayée de la carte de France, et vous savez que la maladie est en pleine recrudescence. D'ici à ce que votre toux soit due à ce fléau, il en faut peut-être peu. La tuberculose pulmonaire se traduit en effet par une toux prolongée, mais celle-ci est rarement isolée. Elle peut s'associer à des crachats muco-purulents (pas très propres), voire sanglants, à des douleurs thoraciques, et s'accompagner d'une fatigue, d'un amaigrissement, d'un peu de fièvre le soir ou encore de sueurs nocturnes.

Si une autre cause n'a pas été retenue d'emblée, mieux vaudra réaliser une radio de vos poumons, et une intradermo à la tuberculine pour confirmer ou réfuter ce diagnostic. Il faut en tout cas savoir qu'un traitement adapté et régulièrement suivi permet la guérison de la tuberculose pulmonaire, ce qui vous évitera au pire de passer l'hiver dans un sanatorium !

Lorsque votre toux devient incessante et que vous commencez à être gêné pour respirer, la possibilité d'une crise d'asthme vous vient à l'esprit. Vous avez raison, car l'asthme est une des causes de toux persistante, et la toux peut d'ailleurs en être la seule manifestation. S'agissant d'une obstruction bronchique, votre médecin pourra rechercher ce diagnostic en testant l'efficacité d'un médicament bronchodilatateur sur votre toux ; il pourra ensuite le confirmer par des examens complémentaires spécifiques.

Il n'est pas rare qu'après un épisode infectieux, comme une pneumonie par exemple, vous conserviez une toux comme symptôme-souvenir. Ne dramatisez pas. C'est banal, et cette toux non productive va finir par passer en quelques semaines. La radiographie est dans ce cas normale.

Vous n'avez peut-être pas pensé à l'éventualité d'un reflux gastro-œsophagien. Cette pathologie digestive, caractérisée par la remontée d'acidité de l'estomac vers l'œsophage, peut pourtant être à l'origine de signes respiratoires comme la toux. Même si habituellement, on retrouve dans le tableau des signes digestifs tels des douleurs à type de brûlures d'estomac ou des régurgitations acides, la toux, plutôt aggravée en position couchée et la nuit, peut être le seul signe révélateur. Plutôt trompeur, non ?

Certains médicaments peuvent avoir comme effet secondaire de provoquer une toux. C'est le cas par exemple des inhibiteurs de l'enzyme de conversion, médicaments pouvant être prescrits pour traiter une hypertension artérielle, ou encore des bétabloquants. Le diagnostic est aisé. Vous arrêtez le médicament, et la toux disparaît. A éviter évidemment avant d'en

Hypocondriaques, je vous ai compris !

avoir parlé à votre médecin qui remplacera si besoin et dans le même temps le médicament coupable par un autre produit que vous tolérerez mieux.

Il n'y a qu'une seule cause que vous ne voulez pas entendre, et vous avez raison, car c'est un diagnostic d'élimination, il s'agit de la toux psychogène, que l'on pourra évoquer si vous êtes un sujet anxieux, mais uniquement après avoir envisagé et récusé toutes les autres possibilités.

Entre deux quintes de toux, respirez et réfléchissez à tous les éléments à transmettre au médecin que vous allez consulter : depuis quand toussez-vous ? Avez-vous d'autres signes associés ? De la fièvre, des expectorations, un amaigrissement ? Fumez-vous ? Faites la liste de tous les médicaments que vous avalez chaque jour, regardez de quand date votre dernier rappel de vaccin contre la coqueluche, puis prenez votre rendez-vous.

Votre médecin gagnera du temps en vous interrogeant car il pourra déjà orienter son diagnostic, rien qu'avec vos réponses. Il vous auscultera, et à l'issue de son examen, pourra demander des examens complémentaires pour confirmer son diagnostic, ou en éliminer d'autres. Ainsi, vous aurez peut-être à réaliser une radio des poumons, un test à la tuberculine (la fameuse intradermo), une fibroscopie, des tests spirométriques (pour l'asthme), voire une pH-métrie (pour le reflux gastro-œsophagien). Mais vous ne subirez pas tous ces examens, car vous ne pouvez quand même pas être atteint de toutes les maladies en même temps !

13

J'AI UNE DOULEUR DANS LA POITRINE
C'est l'infarctus, et je vais bientôt mourir...

Une douleur brutale au milieu de la poitrine, comme un étau qui vous comprime, comme une barre derrière le sternum, une douleur qui part et qui revient régulièrement avec une sensation de brûlure, votre cœur qui s'emballe... L'angoisse a trouvé dans votre douleur inhabituelle une bonne prise. Vous fumez, vous êtes stressé, alors la panique vous gagne et vous pensez bien sûr à l'infarctus du myocarde.

Il est légitime que vous évoquiez en premier lieu un infarctus. En effet, l'infarctus du myocarde est un problème fréquent qui touche, en France, plus de 100 000 personnes par an. Près d'une fois sur quatre, c'est le tout premier signe d'une maladie cardio-vasculaire, qui survient un peu comme un coup de tonnerre dans un ciel sans nuages, ce qui est évidemment plutôt traumatisant. La douleur de l'infarctus est assez caractéristique : oppressante, constante,

Hypocondriaques, je vous ai compris !

en plein milieu de la poitrine, elle irradie souvent vers les mâchoires, le cou, les bras. Si vous êtes fumeur, que vous avez la cinquantaine, un peu trop de cholestérol, et que quelqu'un dans votre famille a eu un infarctus, n'hésitez pas et appelez le 15. Pour limiter la gravité d'un infarctus, c'est toujours une vraie course contre la montre, et on ne vous reprochera jamais d'avoir appelé le 15 pour ce type de douleur, même si finalement il s'agissait d'un diagnostic bénin. Madame, ne vous croyez pas à l'abri. Sachez que l'infarctus peut aussi vous concerner, et que le cocktail pilule-tabac augmente dangereusement votre risque d'un tel événement. L'infarctus du myocarde est une urgence médicale, car il signifie que le muscle cardiaque est mal irrigué, qu'il souffre et qu'il risque de se nécroser. Si rien n'est fait dans les heures qui suivent, une partie du cœur risque en quelque sorte de mourir. L'urgence est d'élargir l'artère ou les artères qui sont bouchées pour permettre rapidement au sang de circuler à nouveau, et au muscle cardiaque d'être bien irrigué.

L'infarctus n'est heureusement pas la cause la plus fréquente de douleurs thoraciques. Il pourrait peut-être s'agir d'angine de poitrine, appelé angor dans le jargon médical. Reconnaissez-vous une douleur sourde, angoissante, plutôt au centre de la poitrine, derrière le sternum, qui irradie vers les mâchoires, le bras gauche ou le dos ? Cette douleur s'accompagne-t-elle de sueurs, de nausées, et d'un essoufflement ? Si c'est le cas et que cette douleur survient à l'effort, vous obligeant à vous arrêter, si elle cède en quelques minutes, il est tout à fait possible de retenir *a priori* ce diagnostic. L'angine de poitrine signifie qu'il existe un rétrécissement des artères coronaires, responsable d'un apport insuffisant de sang oxygéné dans une région du cœur. Avant la complication de l'infarctus, mieux vaut savoir reconnaître ce type de douleur, et consulter votre médecin qui réalisera un bilan cardiovasculaire, confirmera le diagnostic et vous donnera le traitement adapté pour éviter la survenue de crises ultérieures, pouvant conduire elles-mêmes à l'infarctus. Ne sous-estimez donc pas votre douleur et consultez rapidement, les médecins ne vous écouteront pas d'une oreille distraite !

Une péricardite, c'est-à-dire l'inflammation du péricarde, cette enveloppe du cœur, peut également donner lieu à une douleur thoracique intense, mais différente des deux diagnostics précédents. La douleur, en plein centre de la poitrine ou plutôt latéralisée à gauche, est prolongée. Surtout, elle augmente à l'inspiration ou quand vous vous allongez sur le dos, alors qu'elle se calme un peu en position assise. Si vous avez un peu de fièvre, et des petits signes évoquant une atteinte par un virus (un rhume, une angine...), la péricardite devient un diagnostic tout à fait plausible que l'auscultation, l'échographie cardiaque et un bilan biologique viendront confirmer.

Quitte à rester dans les causes graves, en voici une gravissime, la dissection de l'aorte.

Ce dédoublement de la paroi de l'aorte peut s'envisager par un penchant naturel au pire. Mais une dissection aortique laisse si peu de temps pour réagir que, le temps de s'en inquiéter, la question devient vaine ! La douleur est transphyxiante et syncope, paralysie, hémiplégie et autres complications surviennent rapidement, à moins que les premiers secours ne permettent de vous sauver en vous livrant en urgence aux mains expertes des chirurgiens du cœur.

Il n'y a pas que le cœur qui soit installé dans la cage thoracique, et une douleur dans la poitrine peut être due à une embolie pulmonaire. Cette complication redoutée de la phlébite se produit quand un caillot d'une veine du mollet ou de la cuisse migre, remonte et vient boucher une artère pulmonaire. La douleur thoracique est alors caractérisée par son association à des troubles respiratoires avec une respiration rapide, une toux sèche et une gêne respi-

J'ai une douleur dans la poitrine

ratoire. Il peut aussi exister des sueurs et un cœur qui s'emballe.

Une infection pulmonaire – on parle de pneumopathie – peut tout à fait entraîner aussi ce type de douleurs. Elle s'accompagne d'une forte fièvre, d'une toux, et d'une accélération de la respiration. Les signes observés ont une tendance certaine à se majorer jusqu'à ce que le diagnostic soit confirmé et qu'un traitement par antibiotique soit instauré.

Si votre douleur ressemble plutôt à une sensation de brûlure qui s'accentue après les repas, surtout quand vous êtes en position inclinée ou couchée, abandonnez les diagnostics cardiaques ou pulmonaires et penchez-vous plutôt sur l'éventualité d'un reflux gastro-œsophagien. Dans cette hypothèse, les remontées d'acide de l'estomac vers l'œsophage pourraient expliquer vos régurgitations acides ou encore votre mauvais goût amer dans la bouche.

Vous avez déjà évoqué sept diagnostics et vous ne risquez pas d'être rassuré tant ces causes évoquées sont graves !

Alors, soyez honnête et pensez à la possibilité d'une névralgie intercostale, qui reste la cause numéro un des douleurs thoraciques, par sa fréquence et sa banalité. Entre nos côtes se trouvent des muscles, des vaisseaux et des nerfs. Il suffit qu'un nerf se coince entre deux côtes pour qu'une douleur, parfois très intense, survienne. Cette cause classique peut être angoissante quand elle se situe à peu près dans la région du cœur, mais elle est sans gravité, et le cœur est absolument hors de cause ! On peut l'évoquer en particulier quand la douleur se déclenche comme une piqûre, en un point précis du thorax, souvent lors d'une forte inspiration alors qu'elle disparaît à l'expiration.

Soyez pragmatique. Devant une douleur de faible intensité, vous pouvez prendre dans un premier temps un comprimé de paracétamol. Si cette douleur se répète, se majore ou gêne vos activités, notez bien les circonstances dans lesquelles elle survient. L'angine de poitrine débute le plus souvent lors de la réalisation d'un effort physique, le reflux gastro-œsophagien plutôt après les repas. Si ces douleurs se répètent trop fréquemment, si elles augmentent malgré la prise d'un traitement antalgique, si elles s'accompagnent d'une grande fatigue, de fièvre ou d'une difficulté à respirer, il faut de toute évidence voir un médecin… et vite !

Votre médecin généraliste ou un médecin des urgences pourra éventuellement vous orienter ensuite vers un cardiologue.

J'ai une douleur dans la poitrine

Tâchez de ne pas vous affoler. Toute émotion risque d'augmenter la douleur et les autres symptômes. Ne spéculez pas non plus en vain. Ne vous inquiétez pas si ces douleurs sont déclenchées ou majorées lorsque vous palpez la zone douloureuse. Si elles sont provoquées par un effort, cessez simplement cette activité et consultez.

Ne prenez pas non plus à la légère vos douleurs. Toute douleur thoracique qui persiste ou se répète régulièrement doit mener à consulter. A défaut même de diagnostic absolu, des traitements efficaces vous soulageront.

A moins que la situation ne relève du SAMU, le médecin que vous allez consulter pour vos douleurs récidivantes ou qui vous inquiètent va tout d'abord vous questionner. Il voudra savoir les conditions d'apparition de vos douleurs, leurs horaires, les facteurs les déclenchant, leur localisation. Les signes qui les accompagnent pourront lui permettre d'envisager certains diagnostics et d'en éliminer d'autres. Irradiation de la douleur dans le bras gauche ou dans la mâchoire ? De la fièvre ? Une difficulté à respirer ? Des douleurs dans un mollet ? Des vomissements ? Une sensation d'acidité dans la bouche ? Préparez-vous à ces questions.

Votre médecin vous examinera ensuite. Il vous

Hypocondriaques, je vous ai compris !

auscultera, vous palpera et prendra votre tension artérielle. Selon les diagnostics qu'il évoquera, il pourra vous prescrire des examens complémentaires parmi ceux-ci : une radiographie du thorax ou des côtes, un électrocardiogramme, une épreuve d'effort (avec enregistrement de votre électrocardiogramme pendant que vous pédalez sur un vélo), une échographie cardiaque, une scintigraphie, une IRM, un bilan sanguin. Rassurez-vous, chaque cas est différent, et vous ne subirez pas à vous tout seul la totalité de ces examens.

Une douleur dans la poitrine peut effectivement être le premier symptôme d'un infarctus du myocarde, mais ne vous angoissez pas, au risque de vous faire mal dans la poitrine !

14

J'AI UNE BOULE DANS LE SEIN
Le spectre de mon cancer...

En faisant votre toilette, vous venez de sentir une petite boule dans un sein. Elle vous fait même un peu mal quand vous la palpez. Elle se situe dans la partie supérieure et latérale de votre sein. Forcément, vous paniquez. Vous pensez au pire. Vous vous habillez vite fait, et les jambes molles, vous allez décrocher votre téléphone pour prendre rendez-vous chez votre gynécologue. Cette fois, le cancer du sein, c'est sûr, c'est malheureusement bien pour vous.

Votre inquiétude est bien légitime puisqu'une femme sur dix sera confrontée dans sa vie à un cancer du sein. Mais si ce cancer de la femme, survenant surtout après 50 ans, est fréquent, c'est aussi aujourd'hui l'un de ceux qui se soignent le mieux, grâce à un dépistage précoce et grâce à des traitements médicamenteux et chirurgicaux efficaces.
Dans la plupart des cas, le cancer du sein ne s'accompagne d'aucune douleur, ni d'aucun signe évoca-

teur à part l'existence éventuelle d'une petite boule retrouvée à la palpation d'un sein.

Donc même si l'on vous dit que 9 fois sur 10, une petite boule palpée dans le sein est bénigne, vous avez raison de mettre tout en œuvre pour éliminer le diagnostic d'une tumeur cancéreuse, et de prendre rendez-vous chez votre médecin. Celui-ci procédera à une palpation minutieuse de vos seins, pratiquera un examen complet et vous demandera de réaliser une mammographie et une échographie de vos seins, pour en voir le cœur net.

Vous avez bien fait de penser au pire, mais ayez tout de même toujours en tête que 90 % des boules dans le sein sont bénignes.

Votre boule pourrait donc être un fibrome ou un adénofibrome. Ces tumeurs bénignes sont très fréquentes. Elles touchent plus souvent les jeunes filles vers 15-20 ans. Mais un fibrome peut aussi survenir à 35-40 ans. De la forme d'une boule très régulière d'un ou deux centimètres en général, le fibrome est complètement indolore. La mammographie ou l'échographie sont des atouts majeurs puisque ces examens simples permettent d'en faire le diagnostic rapidement. Et comme le fibrome ne dégénère jamais, on le laisse le plus souvent en place. Néanmoins, si vous présentez un fibrome du sein et que vous avez plus de 35 ans, on vous l'enlèvera peut-être, par mesure de précaution car il existe certains cancers qui ressemblent fort à des fibromes. Dans l'immense majorité des cas, l'intervention confirmera qu'il ne s'agissait effectivement que d'un fibrome.

Le kyste est une boule pleine de liquide (à l'inverse du fibrome qui est plein de fibres) de 1 à 1,5 centimètres ou plus. Cette boule apparaît souvent très rapidement et lorsque le liquide fait pression, elle fait mal. Les kystes ne sont pas des cancers et ne dégénèrent jamais en cancer. Le diagnostic d'un kyste se confirme par la mammographie et surtout l'échographie. Lorsque les kystes font mal ou sont gros, on peut les vider en ponctionnant le liquide avec une aiguille. Il faut savoir que les seins produisent souvent des kystes qui représentent une cause banale et bénigne de boule dans le sein.

Vos seins vous font mal ? La mastose est probable. Il faut en effet regarder ce qui se passe du côté hormonal. La glande mammaire est très sensible aux hormones sexuelles de la femme, les œstrogènes et la progestérone. Au cours du cycle menstruel, la quantité de ces hormones varie et influence la sensibilité et la taille de la glande mammaire. Ces hormones peuvent être responsables de tensions douloureuses, fréquentes avant les règles, c'est ce que

Hypocondriaques, je vous ai compris !

l'on appelle les mastodynies. Ce genre de douleurs peut aussi durer au-delà de l'ovulation, par exemple en cas d'hyperœstrogénie. Dans ce cas-là, des lésions bénignes non inflammatoires peuvent apparaître : il peut s'agir de kystes, d'une fibrose ou encore de tumeurs bénignes. On appelle cela une mastose.

Le lipome est une boule de graisse bénigne, plutôt rare. Il se détecte à la mammographie et à l'échographie et est généralement laissé en place.

Quant au ganglion intra-mammaire qui se promènerait dans le sein, il est, là encore, généralement bénin, et diagnostiqué à la mammographie.

Si vous allaitez votre bébé, la situation est évidemment différente. Chez une femme qui allaite, la présence de boules dans les seins est fréquente. Elles correspondent à des lobules gonflés de lait. Le seul risque en est l'engorgement, avec du lait stocké qui ne pourrait plus s'évacuer. La boule est alors douloureuse et le sein peut s'enflammer : c'est la lymphangite du sein. La douleur s'associe à de la fièvre, et la meilleure chose à faire est de vider sous la douche vos seins gorgés de lait et de consulter.

L'abcès du sein existe ; il peut se traduire par la présence d'une boule localement. La tumeur est

J'ai une boule dans le sein

alors associée à un contexte septique : vous avez de la fièvre, votre sein est rouge, dur, inflammatoire, et il est même possible de trouver un peu de pus s'écoulant par votre mamelon. Le traitement de l'abcès est chirurgical.

Ne vous affolez pas trop vite. Toute apparition d'une masse dans le sein n'est pas synonyme de cancer. Calculez plutôt où vous vous trouvez dans votre cycle menstruel, et observez l'évolution de votre boule au cours de ce cycle.

Vous faites bien d'être vigilante, même si l'autopalpation de vos seins ne vous dispense pas d'un suivi régulier gynécologique. Un suivi médical annuel est en effet indispensable, surtout après 50 ans, avec une mammographie et une échographie des seins, afin de dépister le plus tôt possible un éventuel cancer débutant.

Ne faites en tout cas pas l'autruche, car une boule au sein mérite toujours l'attention.

Lorsque vous irez voir votre médecin traitant ou votre gynécologue, il vous questionnera sur vos antécédents médicaux et familiaux, notamment de cancers du sein dans la famille. Les circonstances de découverte et la présence de signes associés comme une fièvre seront nécessaires pour sa démarche diagnostique, autant que la connaissance de la prise d'un

Hypocondriaques, je vous ai compris !

traitement, notamment hormonal (pilule, traitement pour la ménopause). L'examen clinique comportera une palpation minutieuse des deux seins, puis de votre cou et de vos aisselles pour y rechercher la présence de ganglions. Un examen gynécologique complet sera également réalisé, avant que votre médecin vous prescrive une mammographie complétée éventuellement par une échographie pour avoir un diagnostic définitif. Une ponction de votre boule, non systématique, pourra aussi être envisagée.

Même si votre petite boule est très probablement bénigne, mieux vaut consulter pour être sûr qu'il ne s'agit pas d'un cancer du sein. Faites-vous suivre régulièrement. Les mammographies de dépistage après 50 ans sont gratuites et effectuées dans des centres agréés qui sont à la pointe des progrès réalisés ces dernières années.

15

J'AI TRÈS MAL AU VENTRE
Un véritable nœud dans mes boyaux

Une douleur brutale vous saisit au ventre, vous nouant littéralement. Vous êtes pris de ballonnements et d'une diarrhée qui pourrait être banale mais qui traîne depuis plusieurs jours et qui vous mine l'appétit ; vous êtes nauséeux, vous avez même vomi une fois... Ça commence à suffire. Il faut que ce soit dit : comme vous n'avez jamais eu l'appendicite, il faut bien que cela arrive, c'est donc pour aujourd'hui.

Ce n'est d'ailleurs même pas l'appendicite qui vous angoisse soudain, mais sa complication principale, la péritonite !
L'appendicite est une inflammation de l'appendice, cette petite excroissance située entre l'intestin grêle et le côlon droit. Quand l'appendice s'enflamme, elle provoque des douleurs abdominales d'intensité variable, localisées typiquement en bas et à droite du ventre et s'accompagnant d'un état

nauséeux, de petits troubles du transit, voire de vomissements, jusqu'à ce qu'une fièvre modérée se rajoute au tableau. Evidemment, si vous n'avez pas de chance et que les signes évoluent, l'infection s'est peut-être propagée au péritoine, l'enveloppe qui entoure les intestins, et là, c'est la péritonite. Vos nausées augmentent, vous pouvez être pris de vomissements, mais surtout, votre constipation se transforme en un arrêt total d'émission de selles et de gaz intestinaux. La fièvre s'installe, la pâleur aussi, vous n'êtes plus du tout dans votre assiette. Votre ventre devient dur à la palpation, on parle de contracture abdominale et il est très sensible et douloureux. La péritonite est une urgence chirurgicale, mais ça, vous le savez déjà.

Il y a mille et une raisons d'avoir mal au ventre, mais toutes ne génèrent pas chez vous une angoisse mal maîtrisée. Par exemple, madame, des règles douloureuses ne vous inquiètent pas plus que cette fichue colopathie fonctionnelle que votre médecin vous a brillamment diagnostiquée. Ainsi, quand vous êtes prise de maux de ventre après un repas, pouvant aller de la simple gêne supportable à la crise très aiguë, vous arrivez à peu près à vous contrôler, mais ce n'est que lorsque ces douleurs s'estompent après l'émission de selles ou de gaz que vous retrouvez votre sérénité.

J'ai très mal au ventre

Vous craignez beaucoup plus la grossesse extra-utérine, car aucune femme ne peut être sûre que cela ne lui arrivera jamais, et avec votre chance habituelle, cela pourrait bien tomber sur vous. Réfléchissez : la grossesse extra-utérine survient plus souvent chez une femme ayant eu un antécédent de salpingite, ou sous stérilet. Les douleurs, qui peuvent être modérées, sont localisées au bas-ventre, et s'accompagnent souvent de petites pertes de sang brunâtre, peu importantes. Inutile de garder vos angoisses pour vous. Une consultation gynécologique, une échographie, et une prise de sang vous permettront rapidement de savoir la vérité.

La grossesse normale n'est pas une maladie et ne fait pas mal dans la plupart des cas. Néanmoins, des douleurs abdominales modérées peuvent exister en début de grossesse, associées aux joies des nausées et parfois des vomissements, tous ces signes qui disparaissent vers le troisième mois de grossesse.

Homme ou femme, vous êtes inquiet car de nombreuses causes graves peuvent être à l'origine de maux de ventre, et vous pourriez bien en être la victime.
Il pourrait s'agir d'un ulcère de l'estomac, voire du duodénum par exemple. C'est possible. Dans ce cas, la douleur siégera plutôt au milieu du ventre,

Hypocondriaques, je vous ai compris !

vous pliant en deux, ressemblant à des crampes, survenant plus d'une heure après le repas, mais calmées par la prise d'aliments. Cette douleur se répétant tous les jours et après chaque repas, vous nouera les tripes ! Heureusement, une radio et surtout une endoscopie permettront rapidement d'en faire le diagnostic et de mettre en route un traitement miraculeux.

Vous avez peut-être une occlusion intestinale, et ça, vous le savez, c'est grave. Si votre mal de ventre est permanent, si vous êtes pris de vomissements, que vous n'avez plus aucun gaz ni selles, que votre ventre est ballonné, vous avez en effet tous les signes d'une occlusion. Et comme celle-ci est probablement la conséquence d'un obstacle, peut-être par une tumeur, ou par une hernie qui s'étranglerait (torsion d'une partie de l'intestin sur lui-même), mieux vaut ne pas tarder et vous rendre aux urgences de l'hôpital le plus proche.

Avez-vous pensé à la pancréatite aiguë ? Cette inflammation du pancréas donne des douleurs atroces, en coup de poignard, survenant pendant la digestion et s'accompagnant de vomissements importants. Même si votre abdomen reste souple, vous n'hésiterez pas à consulter rapidement et vous aurez raison.

J'ai très mal au ventre

Les douleurs de la colique hépatique ne sont pas plus enviables. Liées à l'existence d'un calcul biliaire venant obstruer une voie biliaire, les douleurs sont localisées à droite, sous les côtes ou bien au creux de l'estomac. Oppressantes, elles s'accompagnent de nausées, de vomissements et d'un tableau subocclusif. Les douleurs cèdent spontanément en quelques heures, mais reviennent.

La colique néphrétique est encore appelée colique frénétique : ce n'est pas un hasard. La douleur provoquée par le blocage d'un calcul (petite formation pierreuse produite par l'organisme) dans un uretère – voie urinaire entre le rein et la vessie – est en effet violente, insupportable. Partant de la fosse lombaire et irradiant souvent vers les jambes ou les organes génitaux, cette douleur n'est calmée par aucune position et évolue par crises paroxystiques. Il s'agit d'une urgence encore, au moins pour bénéficier d'un traitement antalgique puissant permettant de supporter la douleur, le temps d'évacuer dans les urines le calcul responsable.

La pyélonéphrite est peut-être moins connue et plus sournoise. Elle fait suite à une infection urinaire souvent passée inaperçue, le plus souvent chez une femme. Cette infection du rein fait apparaître une douleur abdominale qui n'est le plus souvent

Hypocondriaques, je vous ai compris !

retrouvée que d'un seul côté. La douleur est aggravée lors de la palpation. Elle s'accompagne finalement d'une fièvre, voire de troubles urinaires, comme une sensation de brûlure en urinant, ou une difficulté à uriner. Si « les antibiotiques, c'est pas automatique », dans la pyélonéphrite, si !

Un cancer pourrait-il vous donner mal au ventre ? C'est possible. Parmi les scénarios catastrophe, on peut citer le cancer de l'estomac, qui pourrait donner des douleurs comparables à celles des ulcères, au cancer de l'ovaire, où les douleurs du bas-ventre s'accompagneraient de constipation voire d'une envie fréquente d'uriner, du cancer du côlon, de celui du pancréas, ou encore de la vessie. Mais soyez raisonnable, si les douleurs sont dans ces cas assez banales, elles s'accompagnent d'autres signes qui permettent de tirer le signal d'alarme, tels une fatigue intense, un amaigrissement rapide et inquiétant, une perte d'appétit ou une altération globale de l'état général.

N'envisagez même pas un anévrisme de l'aorte : cette malformation de la paroi de l'aorte abdominale ne vous laisserait pas le temps de vous poser la question !

Vous pouvez être pris de maux de ventre très inconfortables mais ne pas pour autant perdre la

J'ai très mal au ventre

tête. Pensez plutôt aux diagnostics les plus probables. Vous êtes peut-être en train de démarrer une gastro-entérite, la fameuse « gastro », banale, mais bien douloureuse et épuisante. Nausées, vomissements, diarrhée voire fièvre, pourraient rapidement compléter le tableau de cette infection le plus souvent virale.

Peut-être êtes-vous sinon victime d'aérophagie, vos ballonnements étant tout simplement la cause de vos malheurs.

Pensez encore qu'une inflammation banale de votre côlon, une colite, peut elle aussi expliquer vos douleurs et les troubles du transit intestinal qui les accompagnent.

Enfin, vous semblez oublier qu'un stress vous taraude (une épreuve compliquée ? professionnelle ? familiale ? conjugale ?), et qu'à lui seul, il pourrait bien justifier que vous ayez mal au ventre.

Soyez pragmatique. Madame, si votre douleur est modérée, vous pouvez la soulager avec un médicament contre les spasmes dépourvu d'effets secondaires. De petites doses d'antalgique comme du paracétamol peuvent aussi vous soulager. Si la douleur est intense, il est préférable pour les deux sexes de ne rien ingérer et de contacter votre médecin rapidement.

Avant de vous rendre chez lui, recherchez dans

Hypocondriaques, je vous ai compris !

quelles circonstances sont survenues vos douleurs : avant ou après un repas ? Avec quelle périodicité ? A caractère brutal ou non ? Avec arrêt des selles et des gaz, et dans ce cas depuis quand ? Des informations supplémentaires seront utiles : date des dernières règles pour les femmes ; localisation précise de la douleur et évolution au cours de la journée ; présence ou non d'une épidémie dans l'entourage, de constipation, de sang dans les selles... Notez tout, vous ferez gagner du temps au médecin qui vous recevra.

Pensez également à prendre votre température et notez chaque événement qui vous semble sortir de l'ordinaire, si vous connaissez par ailleurs des maux de ventre réguliers et bénins.

Ne souffrez pas en silence, c'est inutile... et douloureux ! Une douleur qui persiste et qui augmente est due à une cause particulière qu'il va falloir trouver. Rester seul avec ses douleurs et les traiter par le mépris n'est donc pas raisonnable. Le stress et l'agitation ne feront qu'augmenter les symptômes.

Le médecin commencera par vous interroger sur les circonstances de survenue de vos douleurs. Puis il abordera leur localisation. En médecine, on divise le ventre en neuf parties pour pouvoir plus facilement

J'ai très mal au ventre

se repérer. Chacune de ces régions oriente vers certaines causes.

Votre médecin vous interrogera également au sujet d'autres signes complétant le tableau clinique : fièvre, diarrhée, brûlures en urinant. Ensuite, il vous examinera et insistera tout particulièrement sur l'examen de l'abdomen, avec sa palpation et son auscultation (bruits d'air, de matières, ou silence total !).

Certains examens complémentaires seront peut-être nécessaires pour confirmer un diagnostic et en éliminer d'autres. Ainsi, ne vous étonnez pas que l'on vous demande de réaliser une radiographie de l'abdomen, une échographie abdominopelvienne, un dosage de ß-hCG (marqueur d'une grossesse en cours), une fibroscopie gastrique ou une coloscopie.

Mieux vaudra dans votre cas tout vérifier, pour être sûr de ne pas passer à côté d'une pathologie grave.

16

J'AI DU SANG DANS LES SELLES
Mon caca voit rouge !

Après cet épisode de gastroentérite qui vous a fatigué, épuisé, vidé, votre transit n'a pas retrouvé la régularité légendaire qui faisait l'attendrissement émerveillé de votre chère maman. La situation navrante dure depuis plus d'une semaine. Et ce matin, coup de théâtre dans le secret des sanitaires. En allant à la selle, vous constatez des traces de sang sur le papier. Vos douleurs abdominales d'apparition récente, si banales soient-elles, ne font rien pour vous rassurer. Au contraire, vous en êtes maintenant persuadé, vous avez une tumeur digestive, et elle saigne…

Vous avez raison de ne pas prendre à la légère un saignement anal. Il est compréhensible que vous pensiez en premier lieu au cancer du côlon, car le risque de ce cancer est très élevé en France, où il représente la deuxième cause de décès par cancer. Heureusement, dépisté tôt, le cancer colorectal guérit

Hypocondriaques, je vous ai compris !

neuf fois sur dix. La meilleure arme reste sa détection précoce. Mais le cancer du côlon, s'il peut saigner, le fait discrètement, et les saignements ne sont pas visibles à l'œil nu. Donc, il vous faut trouver un autre diagnostic. Quoi qu'il en soit, un dépistage avec recherche de sang dans les selles – c'est le test appelé *hemoccult* – ou mieux une coloscopie, vous permettra à partir de la cinquantaine de dépister régulièrement ce type de cancer et de vous en mettre à l'abri.

Le cancer de l'anus existe aussi et peut saigner. Un simple examen local pourra orienter vers ce diagnostic qui n'est certainement pas le plus probable, mais justifie que vous consultiez pour votre symptôme qui de toute façon vous inquiète.

Pourrait-il s'agir d'une tumeur, mais bénigne cette fois ? Eh bien oui. Les polypes sont des tumeurs bénignes qui peuvent pousser en relief sur la paroi du côlon ou du rectum. Mesurant de quelques millimètres à plusieurs centimètres, ces polypes peuvent saigner. Leur seul risque étant de dégénérer et de se transformer en cancer, leur saignement vous aura sauvé la vie. Une coloscopie pourra mettre en évidence un polype et permettre au spécialiste de le supprimer facilement.

D'autres maladies digestives, graves, sont moins connues. Il s'agit de la rectocolite hémorragique,

J'ai du sang dans les selles

de la maladie de Crohn ou de la colite ulcéreuse. Ces maladies ont en commun leur caractère inflammatoire de la muqueuse digestive. Elles sont à l'origine de diarrhées glaireuses et sanglantes, mais aussi de douleurs abdominales, de fatigue, de perte de poids, de fièvre parfois, ainsi que de douleurs anales. Leur évolution se fait par poussées, alternant avec des phases de rémission plus ou moins longues. Le diagnostic est apporté par l'endoscopie qui visualise les lésions et une surveillance médicale rigoureuse s'impose au long cours.

Il est beaucoup plus probable que ces filets de sang observés dans vos selles soient liés à votre constipation. Celle-ci pourrait avoir déchiré votre muqueuse anale, entraînant la constitution d'une petite fissure locale, à l'origine de votre saignement. Une crème et un médicament contre la douleur vous feront bientôt oublier l'épisode, qui ne se reproduira plus si vous prenez l'habitude de vous occuper de votre constipation en buvant au moins 1 à 2 litres par jour et en augmentant votre consommation de fibres dans votre alimentation : mangez donc plus de légumes verts !

D'autres petites lésions locales peuvent saigner, comme des lésions de grattage, ou encore ce qu'on appelle une ulcération thermométrique, qui peut vous concerner si vous vous prenez votre température par voie anale de façon très fréquente.

Il faut garder pour la fin le diagnostic le plus probable, le plus banal et sans gravité, les hémorroïdes.

Les hémorroïdes sont des varices mal placées ; elles correspondent à des veines de la région anale qui se sont dilatées, et qui peuvent saigner quand vous allez à la selle. Détail rassurant : la quantité de sang n'est pas du tout liée à la gravité de la maladie.

Ne vous affolez donc pas. Prenez bonne note de toutes les informations qui peuvent être utiles à votre médecin. Certains éléments vont lui permettre d'orienter son diagnostic : le type de saignement (en début ou en fin de selles), sa fréquence, son abondance, etc. Les circonstances de survenue de ces saignements, pendant ou en dehors des selles, marquant le papier ou non, permettront également d'éliminer ou de retenir certaines causes.

N'arrêtez pas l'un de vos traitements à cause de votre symptôme. En particulier, n'arrêtez pas un médicament anticoagulant, car sa prescription correspond à une cause qui n'est pas révolue.

Votre médecin va vous soumettre à un interrogatoire précis. Rien ne sera tabou ! Il vous interrogera

J'ai du sang dans les selles

sur les conditions du saignement dans les selles et sur leur rythme d'apparition, mais aussi sur la présence de douleurs abdominales éventuellement associées, sur de possibles troubles du transit (diarrhée/constipation), sur une odeur particulièrement désagréable (élimination de sang digéré dans les selles), sur l'existence d'une fièvre récente ou encore sur une perte de poids associée à une sensation de grande fatigue.

Par son examen clinique, votre médecin évaluera la tolérance ou non au saignement. Il s'informera d'éventuelles prises médicamenteuses, d'antécédents médicaux ou chirurgicaux.

Il palpera votre ventre, et vous fera un toucher rectal que vous n'apprécierez probablement que très modérément. Certains examens complémentaires pourront être demandés comme la réalisation d'un bilan biologique comprenant l'analyse des facteurs de la coagulation, une coloscopie ou plus simplement une anuscopie. L'anuscopie est un examen visuel de l'anus et d'une partie du rectum. La coloscopie étend l'investigation à la totalité du rectum et à la paroi interne du côlon. Ces examens ne sont bien sûr pas systématiques, surtout si le simple examen local montre chez vous la présence d'hémorroïdes : un diagnostic pour débutant !

La rectorragie – c'est ainsi que l'on appelle l'éli-

Hypocondriaques, je vous ai compris !

mination de sang rouge par l'anus – peut avoir des causes diverses. Une bonne proportion de ces saignements est imputable à une cause bénigne, c'est-à-dire sans gravité, et un simple examen de l'anus clarifiera souvent la situation.

17

J'AI UN GROS PROBLÈME POUR URINER
C'est gênant et angoissant

Des douleurs en urinant, l'impression d'évacuer des « lames de rasoir » ou encore des urines troubles au moment de leur émission… Vous êtes terriblement inquiet et vous vous sentez irrémédiablement diminué. Et voilà maintenant qu'un malaise général vous envahit avec un sentiment de fatigue intense. Vous ne savez pas ce qui vous arrive, mais c'est sûrement grave…

Dans la région, il y a la vessie, ce réservoir où arrive l'urine fabriquée par vos reins, avant qu'elle ne soit évacuée par l'urètre. Le cancer qui vous fait souffrir est donc certainement là.

Le cancer de la vessie est pourtant peu fréquent. C'est un cancer du fumeur – logique, puisque les substances toxiques du tabac passent dans le sang puis sont éliminées par les urines, passant donc obligatoirement par la vessie. Si non seulement vous avez des douleurs ou des brûlures en urinant, mais que vous avez également du mal à uriner, que vous êtes obligé de forcer pour permettre l'évacuation de vos urines, ou que vous constatez la présence de sang dans celles-ci, vous faites bien de vous préoccuper de la situation et de consulter. Même si ce diagnostic est le moins probable, il vaut mieux l'éliminer tout de suite et se pencher sur la cause réelle de votre inconfort, pour le soulager rapidement.

Inutile de faire quinze ans d'études de médecine pour comprendre le petit précis de la géographie masculine ou féminine. En revanche, connaître les pathologies spécifiques de chacun, ou de chacune, nécessite un peu de compétence.

Si vous êtes un homme, la prostate est l'organe auquel vous pensez en premier. Logique ! Alors, prostatite, adénome, ou cancer de la prostate ? Le tableau s'annonce peu réjouissant.
La prostatite est une inflammation de la prostate. Dans les formes aiguës, ce sont les signes généraux qui dominent le tableau, avec de la fièvre et des frissons. Mais dans la plupart des cas, ce sont les signes urinaires qui sont au premier plan. Alors, si vous n'arrivez pas à vous retenir, si vous urinez tout le temps, si l'évacuation de vos urines est difficile à démarrer, si vos mictions (le fait d'uriner) sont lentes et se font en plusieurs temps, ou encore si vous êtes

J'ai un gros problème pour uriner

obligé de forcer pour permettre l'évacuation de vos urines, il n'y a qu'une chose à faire, consulter, car la prostatite ne peut pas guérir spontanément.

Avec l'âge, la prostate augmente de volume, et vous n'y pouvez rien. Son hypertrophie, bénigne – c'est l'adénome de la prostate – exerce progressivement plus de pression sur l'urètre qu'elle entoure, perturbant alors l'écoulement normal des urines.

Il est donc banal de présenter à partir de l'âge mûr des besoins d'uriner plus fréquents, notamment la nuit, d'observer une diminution de la force du jet urinaire, voire une évacuation des urines en plusieurs fois. L'augmentation de volume de la prostate sera constatée facilement grâce au toucher rectal que vous fera le médecin.

Mais comme le spectre du cancer de la prostate plane toujours au dessus de celle-ci, un dosage dans le sang des PSA (Antigène Prostatique Spécifique) permettra d'affirmer, ou heureusement plus souvent, de récuser ce diagnostic.

Si vous êtes une femme, la cystite, vous connaissez, mais ce qui vous inquiète, ce n'est pas le diagnostic mais plutôt la crainte des récidives. Compte tenu de l'anatomie féminine et de la proximité de l'urètre, du vagin et de l'anus, vous êtes évidemment terrorisée par le risque d'infection. La

Hypocondriaques, je vous ai compris !

nature est heureusement bien faite et vous êtes probablement atteinte d'une infection urinaire banale, sans conséquence à long terme.

La cystite est une inflammation de la vessie, le plus souvent d'origine bactérienne. Si vous vous plaignez de brûlures en urinant, de douleurs plus ou moins intenses au moment où vous urinez ou à la fin de vos mictions, si vous ne pouvez pas vous retenir et que vous venez de découvrir la présence d'un peu de sang dans vos urines, inutile de paniquer, le diagnostic de cystite est de loin le plus probable, et malgré les douleurs et la très grande gêne provoquées par ces symptômes, la cystite reste une affection sans gravité. Buvez beaucoup d'eau, et allez au laboratoire réaliser un ECBU, c'est-à-dire un examen cytobactériologique de vos urines, qui mettra en évidence le germe coupable de vos maux.

Vous avez peur des complications de la cystite, et notamment de la pyélonéphrite, cette infection aiguë du rein ? Soyez raisonnable. Puisque vous avez déjà pensé au diagnostic de cystite, c'est que celle-ci n'est pas passée inaperçue et que son traitement a justement évité que l'infection ne se propage jusqu'au rein. La pyélonéphrite survient en cas d'infection urinaire passée inaperçue. L'infection du rein est alors responsable d'une douleur abdominale diffuse ou prédominant dans la région lombaire

J'ai un gros problème pour uriner

d'un côté, associée à de la fièvre, à une fatigue, et des troubles urinaires. L'ECBU et l'échographie rénale permettent d'en faire rapidement le diagnostic, puis de mettre en route un traitement antibiotique efficace.

Un calcul rénal pourrait aussi générer des douleurs urinaires lors de son passage dans l'uretère, distendant alors celui-ci. Mais dans cette situation, la souffrance est telle que vous avez à peine le temps de vous pencher sur l'existence de troubles urinaires associés, dont notamment la présence de sang dans vos urines. Vous adoptez la seule attitude légitime de survie : consulter aux urgences pour que l'on vous libère de ces douleurs insupportables.

Beaucoup plus rare que la cystite d'origine bactérienne et survenant neuf fois sur dix chez la femme, la cystite interstitielle, appelée également syndrome de la vessie douloureuse, peut être évoquée. Elle se traduit par des envies d'uriner très fréquentes et de vives douleurs lors de la miction. Dans cette pathologie, c'est le mécanisme même de la miction qui est perturbé. Tout commence par une inflammation de la vessie – une cystite – qui entraîne l'apparition de petites plaies, fragilisant alors la muqueuse de la vessie et stimulant la contraction du muscle vésical. Invalidant en société et dans l'intimité, ce syndrome

Hypocondriaques, je vous ai compris !

évolue de façon chronique avec des poussées entrecoupées de périodes d'amélioration. Des médicaments, agissant contre la douleur et l'inflammation, permettent de soulager les symptômes mais aucun ne permet encore d'en guérir. Contrairement à une cystite classique, il ne s'agit pas d'une affection bactérienne qui pourrait être traitée par de simples antibiotiques.

Entre deux passages aux toilettes, buvez de l'eau, et préparez votre consultation chez le médecin. Notez les circonstances d'apparition de vos douleurs. Surviennent-elles en urinant ? Sont-elles permanentes ? Avez-vous déjà eu des symptômes comparables, une expérience d'infection urinaire ou de colique néphrétique ? Avez-vous de la fièvre ?

Mettez votre timidité et votre pudeur de côté, et ne tardez pas à consulter. Vous ne serez pas le premier à être gêné par un interrogatoire précis du médecin, ou par un toucher rectal, non douloureux mais pas franchement agréable.

Ne débutez pas de votre propre chef un traitement antibiotique, qui risquerait de fausser les résultats des examens, et de retarder votre diagnostic.

Après vous avoir examiné, le médecin pourra vous prescrire des examens simples et suffisants pour trouver la cause de vos ennuis : le test de la bandelette trempée dans les urines, l'examen cytobactériologique des urines (ECBU), une radiographie du bassin et du bas-ventre, voire une échographie des reins, de la vessie ou de la prostate sont parfois nécessaires pour établir avec certitude le diagnostic, sans oublier chez les hommes le dosage des fameux PSA !

La cystite est de loin la plus fréquente des causes de brûlures mictionnelles, mais elle concerne essentiellement les femmes. La prostatite, masculine par définition, est beaucoup moins fréquente mais nettement plus brutale qu'une cystite. Dans les deux cas, les médecins savent vraiment bien gérer ces situations classiques et vous soulager rapidement.

18

J'AI UNE DOULEUR DANS LA FESSE
« Mieux vaut s'enfoncer dans la nuit noire qu'un clou dans la fesse gauche », Pierre Dac.

En plein déménagement, vous soulevez un carton plus lourd que les autres et d'un seul coup, une douleur violente dans la fesse vous fait abandonner sans ménagement votre chargement. Ça encore, ce n'est pas trop grave, il n'y aura même pas de vaisselle cassée. Mais le véritable drame vous concerne personnellement, puisque cette douleur partie de la fesse gagne maintenant la cuisse, la jambe, et atteint même le pied. Cette sensation de décharge électrique vous paralyse quasiment la jambe. Vous n'avez plus de doute, c'est une sciatique et la paralysie, vous le savez, c'est peut-être pour la vie…

La sciatique est évidemment la première cause à évoquer devant une douleur intense de la fesse s'accompagnant d'une paralysie de la jambe. Il ne s'agit pas d'une maladie, mais d'un symptôme qui est lui-même la conséquence d'une compression du nerf sciatique, ce nerf qui innerve justement votre jambe. Si votre nerf sciatique se trouve comprimé ou irrité sur son trajet, il souffre, et vous fait souffrir. Une douleur lancinante apparaît le long de la jambe, allant de l'arrière du bassin jusqu'au bord du pied, en passant par le côté de la fesse. La douleur est augmentée par les efforts, la toux ou l'éternuement, et dans certains cas, une raideur de la colonne vertébrale peut même vous empêcher de vous pencher en avant. Il n'y a plus qu'à rechercher la cause, qui est probablement une hernie discale comme dans 80 % des cas. Mais qu'est-ce que cette hernie ?

Vous savez probablement qu'entre chaque vertèbre se trouve un disque intervertébral qui joue le rôle d'amortisseur de chocs et donne sa souplesse à votre colonne vertébrale. En cas d'efforts trop violents, d'un faux mouvement ou d'un poids trop lourd à porter, ou encore en raison de l'âge et de l'usure, ou si votre dos est sollicité constamment par des mouvements répétitifs, parfois même sans raison évidente, un disque intervertébral subissant d'importantes pressions finit par se rompre et une partie fait alors saillie, venant appuyer sur le nerf sciatique. Il est donc tout à fait possible que cette sciatique soit à l'origine du triste état de votre précieuse fesse. Ne dramatisez pas, c'est ennuyeux, mais la situation est un grand classique de la médecine, et le repos et la prise d'antalgiques ou d'anti-inflammatoires vous permettront de venir à bout de cette sciatique en quelques semaines ou au pire en quelques mois. Vous aurez peut-être même le droit en complément à des infiltrations et des séances de kinésithérapie pour accélérer votre guérison. Evidemment, si vous attirez le mauvais sort, ou si votre sciatique est vraiment rebelle, vous devrez vous faire opérer. Un scanner, une IRM, et l'avis d'un ou deux spécialistes experts de la question seront alors indispensables avant de passer sur le billard.

Et si vous faisiez complètement fausse route ? La première raison d'avoir une douleur à une fesse est d'être tombé dessus dans les jours précédents. Dans ce cas, un simple hématome, plus au moins profond sous la peau, pourrait expliquer votre douleur. Si vous êtes en plus sous traitement anticoagulant, il y a de bonnes chances pour que ceux-ci aient aggravé l'hématome. L'explication est trop simple, mais néanmoins plausible, alors pensez-y avant d'envisager les scénarios catastrophe.

Un faux mouvement ou une chute peuvent être également à l'origine d'une élongation voire d'une déchirure musculaire responsable de douleurs dans la fesse. Un simple traitement antalgique aura raison en quelques jours de cette gêne désagréable. Mais si vous êtes très sportif, ou sportive, et que vous pratiquez en particulier la course à pied ou le cyclisme, ou encore si vous n'avez qu'un mauvais siège avec un mauvais appui fessier pour vous asseoir toute la journée à votre travail, il est tout à fait possible que vos symptômes ressemblent à ceux d'une sciatique, alors que ce sont vos muscles fessiers qui souffrent. Les muscles les plus souvent concernés sont le muscle pyramidal, dit piriforme, petit muscle profond de la fesse qui peut faire bien mal quand il est trop tonique, voire siège de contracture musculaire, mais les autres muscles fessiers (le petit, le moyen ou le grand fessier) peuvent aussi être en cause.

Rien de grave donc, puisque avec un cocktail d'antalgiques, de repos musculaire et de massages, tout va rentrer dans l'ordre rapidement.

Avez-vous fait le lien avec l'injection intramusculaire que vous a réalisée une jeune et charmante infirmière il y a quelques jours ? Si tout s'est fort bien passé sur le moment, il est toujours possible qu'une douleur dans la fesse apparaisse quelques heures plus tard, et perdure quelques jours. C'est un diagnostic facile, non ?

Pensez encore à la coxarthrose, cette arthrose de la hanche localisée à la jonction du fémur et du bassin : elle fait partie des causes possibles de votre douleur de la fesse. Cette maladie limitant les mouvements de la jambe peut être à l'origine de douleurs dites mécaniques , majorées par la marche prolongée. Une radiographie de cette région apportera rapidement le diagnostic.

Quoi qu'il en soit, n'attendez pas. Prenez du paracétamol pour calmer votre douleur, recherchez ce qui a pu déclencher celle-ci, puis prenez rendez-vous chez le médecin.

Ne faites pas le dur à cuire, car la douleur ne peut que l'aggraver elle-même et avec elle les contractures des muscles locaux. Acceptez donc de passer la main aux experts, et de vous faire soigner rapidement.

Le médecin vous questionnera sur les circonstances et les caractéristiques de votre douleur : brutale, paroxystique, lancinante, sourde, lourde, permanente, occasionnelle ? Il s'intéressera ensuite à certains signes pouvant s'y associer : une douleur des lombes, un déficit musculaire d'une jambe ou des deux, un trouble de la sensibilité des membres inférieurs voire du périnée, une fièvre ... Après vous avoir examiné, votre médecin pourra avoir recours à certains examens complémentaires, comme une radio du dos, du bassin, une échographie, un scanner ou encore une IRM.

Hypocondriaques, je vous ai compris !

Les douleurs de la fesse ne revêtent qu'exceptionnellement un caractère de gravité. Il est donc aussi inutile de s'affoler devant leur présence, que de crier à la sciatique avant d'en avoir une certitude. Un traitement adapté vous libérera le plus souvent de ces maux.

19

J'AI UNE DOULEUR DANS L'AINE
Une hernie ? Je m'étrangle !

En marchant vos cinq kilomètres quotidiens, vous avez ressenti une petite gêne bizarrement placée, dans l'aine. La douleur, discrète certes, n'a pas voulu s'estomper, ni en descendant les escaliers du métro, ni en faisant votre marché. Vous avez l'impression qu'une boule était en train de pousser dans cette zone. Et en toussant, la panique vous a terrassé, car vous l'avez sentie, cette boule, elle était bien là ! Est-ce le même scénario que pour votre voisin ? Il l'a étranglée, non, pas sa femme, mais sa hernie ! L'affaire semble grave…

On appelle hernie le passage anormal d'un organe à travers un orifice naturel. La plus fréquente est la hernie inguinale, localisée au niveau du pli de l'aine. L'aine étant un pli qui joint la cuisse à l'abdomen, c'est bien là que se localise votre problème. La hernie inguinale se forme quand la pression à l'intérieur de l'abdomen augmente. Cette pression peut alors faire ressortir à travers les points faibles de la paroi un petit bout de membrane ou d'organe. C'est ainsi qu'une boule apparaît. Celle-ci peut simplement contenir une partie de péritoine, le tissu qui englobe les viscères, ou un petit segment d'intestin – c'est l'organe que l'on retrouve le plus souvent en visiteur incongru. Quand la hernie n'est pas très développée, elle est généralement peu douloureuse mais s'exprime plutôt par un sentiment de gêne survenant à la marche ou en station debout prolongée.

C'est bien ce diagnostic qu'il faut évoquer en premier si votre gêne augmente lorsque vous êtes en position assise, quand vous toussez ou que vous éternuez. Et si votre gêne se projette sur la face antérieure de votre cuisse et que vous arrivez facilement vous-même à faire rentrer la boule molle que vous palpez dans le creux de l'aine, alors, pas de doute et pas de panique. Vous n'avez plus qu'à consulter, en sachant que votre problème de hernie va rapidement se résoudre, après un petit passage à l'hôpital pour un geste chirurgical simple appelé « cure de hernie ». Votre hernie et votre inquiétude vont disparaître rapidement.

En attendant, vous repensez à votre voisin, et à son histoire de hernie étranglée. Et si cela vous arrivait, avec votre malchance habituelle ? La hernie étranglée est en effet un cas plus grave et une urgence chirurgicale. Le risque que présente une hernie est

J'ai une douleur dans l'aine

son évolution vers un étranglement de l'organe, coincé au travers du collet que forme l'orifice herniaire. La hernie devient alors très douloureuse et irréductible à la palpation, et même sans faire vous-même le diagnostic, vous ne vous sentez pas bien du tout : vous avez tout d'un coup très mal au ventre, vous êtes ballonné, vous n'avez plus aucun gaz ni selles, et le tableau est bien celui d'une occlusion intestinale. Heureusement, vous n'êtes pas du genre à jouer les prolongations, et vous irez rapidement aux urgences de l'hôpital, avant que la péritonite ne complique encore votre état. Même si vous n'êtes pas rassuré, les chirurgiens le sont, ils connaissent parfaitement ce type de situation, ils vont rapidement s'occuper de vous et vous guérir dans la foulée. Restez donc zen. La durée de l'hospitalisation sera courte. Il vous faudra simplement éviter de porter des charges lourdes au cours du mois qui suivra votre intervention, et ne reprendre le sport que progressivement. Mais vous n'en êtes quand même pas là !

Même si l'idée de la hernie, surtout avec son risque d'étranglement, vous terrorise, ce n'est pas la cause la plus probable de votre douleur à l'aine. Il pourrait bien s'agir plutôt d'une coxarthrose, c'est-à-dire d'une arthrose de la hanche, surtout si vous avez plus de 55 ans. La coxarthrose est liée à l'usure

Hypocondriaques, je vous ai compris !

de l'articulation entre votre os du fémur et celui du bassin. La douleur en est le principal symptôme. Elle se localise au pli de l'aine et irradie devant sur la cuisse. Cette douleur apparaît progressivement, à la marche, à la montée et à la descente des escaliers, et est calmée par le repos. Si vous avez tous ces signes et que vous finissez par être inquiet d'une boiterie se rajoutant au tableau et apparaissant à la marche, alors consultez. L'examen par un médecin complété par une radiographie de vos deux hanches confirmera ou réfutera ce diagnostic fréquent.

Si vous êtes sportif, il faut penser chez vous à la possibilité de pubalgies pariéto-abdominales. Il s'agit de douleurs siégeant au niveau du pli de l'aine, survenant progressivement, ou bien brutalement pendant un effort. Ces douleurs, parfois invalidantes, liées à l'étirement de la zone frontière entre les muscles de l'abdomen et ceux de la cuisse, peuvent heureusement disparaître grâce au repos et à des séances de massages et d'étirements musculaires chez un kinésithérapeute. Des médicaments antidouleur et anti-inflammatoires pourront également s'avérer utiles pendant la phase initiale aiguë.

Sans être un grand sportif, vous vous êtes peut-être fait tout simplement une élongation musculaire, ou bien vous êtes-vous cogné contre le coin de votre commode. Dans ce cas, votre douleur concerne plutôt la face interne d'une cuisse. Son apparition est le plus souvent brutale, le mouvement ou le traumatisme l'ayant provoquée pouvant généralement être identifié. Cherchez dans vos souvenirs… Un mouvement brusque ? Un choc plus ou moins violent ces jours-ci ?

Il reste encore la possibilité que cette petite boule ne soit qu'un ganglion palpable et témoin d'une inflammation ou d'une infection. Votre médecin va pouvoir commencer son enquête pour rechercher la cause de la présence de ce ganglion.

Enfin, vous êtes bien placé pour le savoir, la médecine reste une science compliquée puisqu'une douleur « ici » peut correspondre à une cause « là-bas ». C'est ce que l'on appelle dans le jargon médical une douleur « projetée ». Cette gêne que vous ressentez, voire cette douleur dans l'aine, pourrait donc être liée à une colique néphrétique ou encore à la torsion d'un testicule. Ne soyez donc pas surpris si le médecin palpe vos lombes ou vos bourses lors de son examen.

Avant d'aller consulter votre médecin, tâchez de récapituler vous-même toutes les informations importantes qui l'aideront dans sa démarche diagnostique. Votre gêne survient-elle en journée, la nuit, après un effort de marche ? Augmente-t-elle avec la toux ou l'éternuement ? Est-elle constante, paroxystique, déclenchée par un geste, un effort ? S'accompagne-t-elle d'autres symptômes ? Depuis quand vous êtes-vous aperçu de la présence d'une boule dans l'aine ? Est-elle permanente ? etc.

Le médecin que vous allez consulter connaît bien le problème. Il commencera par vous interroger, pour connaître les circonstances d'apparition, la durée et les caractéristiques de vos symptômes. Il voudra s'enquérir de la présence éventuelle de signes associés comme de la fièvre, des signes urinaires ou des troubles digestifs. L'examen clinique de votre médecin est capital. Une simple palpation lui apportera beaucoup de renseignements. Il regardera notamment si la boule est souple ou dure, s'il est possible de la faire rentrer par simple pression, si votre abdomen est bien souple. Il vous examinera en position debout, couché et à la marche. Il appréciera votre état musculaire, et cherchera des points douloureux articulaires.

Parfois, une échographie de la zone concernée ou une radiographie seront nécessaires, soit pour établir un diagnostic de certitude, soit pour faciliter votre prise en charge médicale.

J'ai une douleur dans l'aine

Les douleurs à l'aine ne sont pas rares, et les causes possibles nombreuses et de gravité variable. Hormis l'étranglement d'une hernie inguinale, ces douleurs ne relèvent que rarement de l'urgence. Du calme, donc et surtout, comme toujours, de la méthode.

20

JE SUIS FATIGUÉ
Je vais peut-être mourir d'épuisement

Vous l'avouez, vous êtes au bout du rouleau, vous vous traînez lamentablement, vous n'arrivez plus à vous lever le matin, vous n'avez pas plus de force le soir, ni pour vous occuper un peu de votre conjoint ou de vos enfants, ni même pour aller vous détendre. Vous n'avez plus envie de sortir et vos bonnes résolutions de jogging deux fois par semaine se sont envolées.

Evidemment, vous vivez dans un environnement stressant et vous êtes surmené, mais pas plus que tout le monde. D'ailleurs, vos collègues, qui sont logés à la même enseigne, n'ont pas l'air épuisé comme vous.

Ce soir, en rentrant, vous vous écroulez sur le canapé, vous feuilletez un catalogue de séjours de rêve sur des plages idylliques lointaines – pas de risque de lire Proust dans votre état – et vous ne pouvez vous empêcher de penser que jamais plus vous ne pourrez voyager loin, détendu, car votre fatigue dure déjà depuis six mois, et que si ça se trouve, un cancer, une maladie grave en tout cas, est sûrement en train de venir à bout de vos dernières forces. Seront-elles encore suffisantes pour prendre un bout de papier et rédiger vos dernières volontés ?

La présence d'une asthénie, c'est le nom médical de la fatigue, ne peut pas être prise à la légère. Vous avez raison de vous inquiéter, surtout si cet épuisement dure depuis plusieurs mois.

Même si la fatigue est un symptôme dont se plaignent une fois sur deux les patients en consultation chez leur médecin, dire un peu trop vite qu'il s'agit d'un coup de surmenage ou d'un manque de sommeil sans avoir passé en revue toutes les causes possibles ne serait pas sérieux.

Alors, un cancer ? La fatigue peut en effet en être un signe d'appel. La multiplication de cellules cancéreuses peut demander beaucoup d'énergie à l'organisme, ce qui pourrait expliquer le symptôme. Mais la plupart du temps, cette fatigue chronique n'est pas isolée ; elle s'associe à un malaise général avec une perte d'appétit et une perte de poids. Si c'est le cas, consultez un médecin sans attendre.

Les maladies infectieuses peuvent elles aussi être susceptibles d'entraîner une fatigue, parfois intense et prolongée.

Je suis fatigué

Les virus sont champions dans ce domaine : grippe, hépatite virale, mononucléose, infection à cytomégalovirus ou VIH (virus du Sida) en sont de bons exemples.

Parmi les bactéries qui pourraient vous mettre par terre, on pourrait penser à la brucellose, même si cette maladie est plutôt rare en France. La contamination se fait par des animaux eux-mêmes infectés. Alors, à moins que vous ne soyez berger, vétérinaire, boucher ou agriculteur, oubliez cette hypothèse !

D'autres bactéries pourraient être responsables d'une maladie infectieuse à diagnostiquer le plus rapidement possible pour en éviter les complications, comme la tuberculose ou la maladie de Lyme. Cette dernière est due à une bactérie du nom poétique de Borrelia, véhiculée à l'homme par les piqûres de tiques. Alors, si vous êtes citadin, si vous n'avez pas campé récemment et si vous n'êtes ni un homme ni une femme des bois, la probabilité est, il faut le reconnaître, bien faible pour ce diagnostic.

Les parasites ne doivent pas être oubliés dans le palmarès des maladies infectieuses fatigantes voire exténuantes. Il pourrait s'agir de la toxoplasmose ou de l'invasion de votre tube digestif par un tænia ou des oxyures. Un simple examen des selles permettra d'en avoir le cœur net.

Les maladies endocriniennes sont plutôt rares,

mais l'une d'elles pourrait expliquer la faiblesse qui vous touche. Votre thyroïde se serait-elle emballée ? Vous seriez dans ce cas plutôt agité, nerveux, votre cœur aurait tendance à s'accélérer, et une diarrhée pourrait venir compléter le tableau. A l'inverse, si votre thyroïde fonctionnait au ralenti, on parlerait d'hypothyroïdie, votre fatigue serait probablement au premier plan, mais pourrait s'accompagner d'autres signes comme la prise de quelques kilos, une tendance à la frilosité, à la constipation, à l'irritabilité ou à la dépression. Votre médecin, s'il s'oriente vers cette idée, demandera à l'occasion de votre probable bilan sanguin le dosage de vos hormones thyroïdiennes.

Juste attachées à la thyroïde se trouvent les parathyroïdes, toutes petites glandes très utiles puisqu'elles interviennent dans la régulation des quantités de calcium et de phosphore qui circulent dans le sang. Lorsque les parathyroïdes s'emballent, outre l'asthénie, vous pourriez présenter des douleurs osseuses ou d'autres troubles liés à l'excès de calcium dans le sang, comme des troubles digestifs, un calcul rénal, des maux de tête ou une tendance à la dépression.

Les glandes surrénales, vous connaissez ? Votre fatigue intense est peut-être due à une perturbation de leur fonctionnement. Lorsque ces glandes, situées au-dessus des reins, ne fabriquent plus leurs hormones habituelles, le cortisol et l'aldostérone, on parle d'insuffisance surrénalienne, ou encore de maladie d'Addison. Une fatigue intense peut en être la manifestation la plus précoce, mais elle s'associe rapidement à une pigmentation particulière de type bronzage au niveau des régions découvertes, des cicatrices ou des mamelons. La perte d'appétit entraîne une perte de poids. Les signes digestifs (nausées, vomissements, diarrhée) ou encore l'apparition de malaises dus à des chutes de tension en se levant font rapidement consulter les candidats potentiels à cette maladie qui reste néanmoins classée dans le palmarès des raretés.

Bien sûr, tout est toujours possible et des maladies neurologiques comme la maladie de Parkinson, à son début du moins, ou la sclérose en plaques, peuvent se traduire par une fatigue à la fois physique et psychologique. Si c'est le cas, les autres signes de ces maladies évolutives suivront malheureusement.

Enfin, il ne faudrait pas oublier les maladies digestives d'évolution chronique comme la maladie cœliaque ou la maladie de Crohn, qui peuvent aussi s'exprimer par un état de fatigue parfois préoccupant, mais pour lesquelles les signes digestifs manquent rarement.

Hypocondriaques, je vous ai compris !

Tout semble donc grave, et la situation est *a priori* préoccupante. Mais si après avoir éliminé toutes ces maladies déjà très nombreuses, graves ou rares, vous n'aviez finalement qu'à attribuer votre manque de dynamisme ou votre épuisement à un manque de sommeil chronique, à votre surmenage évident, ou au stress ambiant que vous supportez difficilement ?

Vous n'en êtes pas encore tout à fait convaincu. Alors, il vous faut passer en revue, non pas la liste exhaustive des centaines de maladies qui peuvent s'accompagner de fatigue, mais au moins celles qui sont soit les plus fréquentes, soit les plus banales. Vous pourriez par exemple être atteint d'anémie, d'un manque de fer – les femmes sont les principales concernées – ou d'un diabète évoluant à bas bruit. Pensez aussi que certains médicaments peuvent vous fatiguer et n'oubliez pas d'en parler à votre médecin.

Si vous pratiquez un régime amaigrissant mal conçu, trop restrictif ou déséquilibré, rien d'étonnant à votre fatigue. Même chose si vous êtes un végétarien de l'extrême, un sportif de haut niveau ou une femme enceinte, mais là, le diagnostic ne devrait pas être trop compliqué à trouver.

Si vous avez une tendance à l'embonpoint, que vous vous réveillez fatigué le matin et que vous piquez facilement du nez dans la journée, vous faites peut-être des apnées du sommeil, ce qui diminuerait l'oxygénation de votre cerveau pendant la nuit ! Ne vous étonnez donc pas si votre médecin vous demande dans ce contexte de réaliser un enregistrement de votre sommeil à l'hôpital – cela s'appelle un enregistrement polysomnographique – pour en avoir le cœur net.

Ayez enfin en tête le syndrome de fatigue chronique, défini par l'existence d'une fatigue intense durant plus de six mois, prenant la forme d'une dépression sans qu'il en existe une, ou d'une maladie virale sans que rien ne puisse non plus le prouver. Maladie mystérieuse donc encore aujourd'hui, où la fatigue peut s'associer avec une fréquence et une intensité variable à un peu de fièvre, à des maux de gorge, des douleurs musculaires ou dans les articulations, des ganglions, des maux de tête voire à des troubles de la mémoire.

Le médecin que vous allez consulter va donc avoir un travail difficile pour trouver le responsable de votre symptôme embarrassant, tant il est banal et témoin possible d'une multitude de maladies. Sa démarche doit donc être rigoureuse. Il vous interrogera pour savoir depuis quand vous êtes fatigué, s'il s'agit d'une fatigue physique ou psychique (ou les deux !) et si cette asthénie est isolée ou associée à d'autre symptômes. Il s'intéressera à votre mode de vie, à votre voyage éventuel dans un pays à hygiène rudimentaire ou à la présence d'animaux chez vous. Il recherchera la présence de fièvre, d'un amaigrissement et vous examinera de la tête aux pieds. L'auscultation pulmonaire, l'examen neurologique, la palpation des ganglions ou celle du ventre sont des gestes tout aussi importants car le diagnostic se fera souvent par éliminations successives.

Le médecin pourra compléter son enquête en vous demandant de réaliser une prise de sang pour avoir des informations sur votre quantité de globules rouges, de globules blancs et de plaquettes (la numération formule sanguine), sur l'existence d'une inflammation ou d'une infection. Le bilan sanguin permettra dans la foulée de connaître vos taux de sodium, potassium, calcium, fer, magnésium, etc. Des dosages d'hormones pourront aussi être demandés si nécessaire.

Ce n'est qu'en fonction de ces premiers examens que d'autres investigations, radiologiques notamment, pourront être envisagées.

Ne vous fatiguez pas plus en cherchant vous-même votre propre diagnostic. On s'en occupe. Ayez (pour une fois !) confiance dans votre médecin.

Je suis fatigué

Chacun son travail. Le vôtre est maintenant de vous reposer, de dormir, de prendre le temps de bien vivre, sereinement… et sans trop vous fatiguer !

Conclusion

La liste est encore longue des petits et grands maux dont peuvent souffrir les hypocondriaques. J'ai sélectionné leurs symptômes les plus fréquents et parmi eux, ceux qui génèrent la plus grande inquiétude. Mais je ne souhaite pas tomber dans le piège de ces concitoyens malades d'angoisse de vivre, en prévoyant à leur intention cinq ou six tomes de plus pour cet ouvrage que je leur dédie : cela ne suffirait toujours pas.

En effet, le problème de fond ne réside pas dans la nature des symptômes ressentis par les hypocondriaques ni même dans leur peur de la maladie sous-jacente ; il tient plutôt dans l'impossibilité absolue de les rassurer, ce qui aide à comprendre leur profond mal-être et leur incapacité à vivre sereinement. C'est aussi ce qui explique cette sensation désespérante d'impuissance vécue par leur entourage et par leurs médecins.

Hypocondriaques, je vous ai compris !

En tant que médecin moi-même, j'ai beaucoup appris au contact des hypocondriaques.

J'ai d'abord appris l'humilité (c'est une qualité plutôt rare chez les médecins, mais très précieuse !), en comprenant que tous mes diagnostics ou mes conseils étaient voués d'emblée à l'échec. Je sais aujourd'hui que mon objectif face à un patient hypocondriaque n'est pas de promettre la guérison de ses symptômes ou de sa maladie grave (plutôt compliqué quand la maladie n'existe pas !), mais de lui exprimer une empathie réelle et ma proposition d'aide contre sa souffrance.

J'ai appris aussi l'humour, car ces patients qui m'ont tour à tour ému, inquiété, exaspéré, auraient pu me rendre malade à mon tour. Heureusement, ils m'ont fait souvent sourire !

J'ai également compris qu'une personne hypocondriaque ne fait pas du cinéma, qu'elle est sincère dans l'expression de ses symptômes qui sont bien réels, même si la maladie qui les crée est une maladie imaginaire.

Enfin, les hypocondriaques ont affiné mon sens du discernement, indispensable pour l'exercice de mon métier. Car la première difficulté est bien de les reconnaître. Comment distinguer un simulateur ou un tir-au-flanc d'un vrai hypocondriaque ? Je me fais maintenant moins piéger, ou en tout cas moins longtemps. Lorsque j'entends « Docteur, ce n'est

Conclusion

sûrement pas un cancer du côlon, mais j'ai très mal au ventre… » ou encore « Docteur, ce n'est pas grave du tout, mais… », alors je ne perds plus de temps, je sais que j'ai en face de moi une personne qui souffre d'hypocondrie, et que notre chemin ensemble ne va pas ressembler à un long fleuve tranquille.

Comment aider un tel patient ? La première étape est atteinte lorsque l'hypocondriaque accepte l'idée qu'il souffre non pas d'un symptôme ni même d'une maladie grave mais d'une angoisse démesurée, déraisonnable, au sujet de sa propre santé. Cette prise de conscience peut prendre plusieurs mois, voire des années. Mais dès que l'hypocondriaque est prêt à s'occuper plus de son esprit et moins de son corps, un grand pas est franchi !

L'aide la plus efficace semble alors le soutien et l'accompagnement du patient par des techniques de thérapie cognitive et comportementale – traduisez : une psychothérapie « sur mesure », permettant de diminuer la fréquence des symptômes et leur intensité, pour arriver à réduire les réactions anxieuses démesurées.

Le comportement de l'hypocondriaque pourrait être comparé à celui de l'addiction, puisqu'il existe bien un besoin irrépressible, celui de se soigner et

Hypocondriaques, je vous ai compris !

de surveiller le fonctionnement de son corps. C'est pourquoi certaines psychothérapies relevant du sevrage comportemental peuvent aussi être envisagées et s'avérer d'une grande aide.

Vous avez sûrement déjà vécu l'angoisse du scénario catastrophe, face à la survenue d'un symptôme banal. Vous avez sûrement déjà été malade... d'inquiétude. Moi aussi si cela peut vous rassurer.
Nous sommes tous de temps à autre un peu hypocondriaques et c'est normal.

Mais que ce ne soit pas une raison pour tomber dans l'excès inverse et négliger notre si précieuse santé ! N'oublions pas que « tout homme bien portant est un malade qui s'ignore », comme l'affirmait le docteur Knock de Jules Romain.

Annexe dédiée aux hypocondriaques
Conseils pratiques en cas de pandémie grippale

En période de pandémie grippale, la crainte incontrôlable du nouveau virus A (H1N1) pourrait vous être utile et votre hypocondrie serait peut-être pour une fois un atout.

Lisez donc ces 5 conseils pour ne pas mourir d'inquiétude ni mourir idiot !

1 **Remplacez votre habitude de la petite bouteille d'eau minérale par celle du flacon de solution hydro-alcoolique.** Utilisez celle-ci pour vous laver les mains, toute la journée si cela vous rassure. Vous serez au moins à l'abri des virus qui pourraient traîner sur une poignée de porte, un robinet, un téléphone ou un stylo contaminés.

2 **Lancez une nouvelle mode en saluant les personnes que vous rencontrez sans leur serrer la main ni les embrasser.** Choisissez : salut à la japonaise ou à l'indienne ? Le but est évidemment d'éviter la transmission éventuelle du virus A (H1N1) par les mains ou par le baiser d'une personne elle-même porteuse du virus.

3 Investissez dans des masques chirurgicaux.

Les masques sont réservés en priorité aux professionnels de santé : ce serait dommage qu'ils attrapent la nouvelle grippe A (H1N1) juste au moment où l'on aurait besoin d'eux pour protéger et soigner la population.

Les masques sont aussi prescrits aux malades qui ont la malchance d'avoir attrapé la grippe. Il vaut mieux qu'ils portent ces masques pour ne pas disséminer leurs virus en toussant ou en postillonnant sur leurs voisins.

Mais vous ? Même si vous n'êtes pas malade, personne ne vous en voudra si vous portez un masque, dans le métro ou au supermarché, pour ne pas respirer directement des virus éventuellement présents dans ces endroits confinés. N'oubliez quand même pas de l'enlever en arrivant dans votre restaurant d'entreprise !

4 Et si vous vous faisiez vacciner contre le pneumocoque ?

La virulence du nouveau virus A (H1N1) est actuellement modérée. Cela signifie qu'*a priori*, si ce virus vous saute dessus, vous vous en sortirez

Annexe dédiée aux hypocondriaques

avec quelques jours de fièvre, des courbatures, une toux pénible et une bonne fatigue. Du repos à la maison et du paracétamol vous aideront à franchir l'épreuve en douceur.

Pourtant, certaines personnes décéderont de cette grippe, *a priori* les plus fragiles. Si vous êtes terrorisé(e) par l'idée de la complication pulmonaire grave de cette nouvelle grippe, liée à une surinfection par un dangereux pneumocoque, parlez-en à votre médecin traitant. Il vous vaccinera peut-être contre ce type particulier d'infection bactérienne.

Il ne s'agit pas du vaccin contre le virus de la nouvelle grippe mais de celui, bien connu et ancien, contre les infections à pneumocoques.

5 Tenez-vous au courant des dernières mesures de précaution.

Vérité d'aujourd'hui ne sera peut-être plus d'actualité demain. Pour traverser sereinement la pandémie de grippe, suivez au jour le jour les consignes des experts en allant sur les sites suivants : www.bonjour-docteur.com ou www.sante-sports.gouv.fr

Vous verrez, vous en apprendrez beaucoup. Et soyez rassuré(e), les virus d'internet ne sont pas du tout de la famille du virus A (H1N1). Pas de risque de grippe avec votre ordinateur !

INDEX

Abcès dentaire 40
Abcès du sein 128
Acouphènes 56, 61
Adénofibrome (du sein) 126
Adénome de la prostate 148
Adénopathie 102
Aérophagie 137
Alzheimer (maladie d'Alzheimer) 23, 45
Anévrisme cérébral 36
Anévrisme de l'aorte abdominale 136
Angine 76, 105
Angine de poitrine 118
Aphte 77, 90, 106
Appendicite 131
Arthrose cervicale 40, 57
Asthénie 170
Asthme 112
Bordetella pertusis 111
Bouchon de cérumen 63
Brucellose 171
Calcul biliaire 135
Calcul rénal 135, 151, 172
Cancer 21, 136, 170
Cancer bronchopulmonaire 95, 98
Cancer de l'estomac 136
Cancer de la langue 89
Cancer de la prostate 148
Cancer de la vessie 147
Cancer de l'ovaire 136
Cancer du côlon 136, 141
Cancer du pancréas 136
Cancer du poumon 95, 109
Cancer du sein 125

Hypocondriaques, je vous ai compris !

Cancer ORL 84, 102
Candida Albicans 91
Colique hépatique 135
Colique néphrétique 135
Colopathie fonctionnelle 132
Coqueluche 110
Corps étranger (dans le nez) 69
Coup de fouet laryngé 86
Coxarthrose 158, 163
Crachats sanglants 76, 95, 110
Crohn (maladie de Crohn) 143, 173
Cystite 149
Cytomégalovirus (CMV) 171
Diplopie 54
Dissection de l'aorte 120
Dysphagie 91
Dysphonie 76, 83
Elongation musculaire 157, 164
Embolie pulmonaire 97, 120
Epiglottite 104
Epistaxis 68
Ethylisme chronique 58
Gastroentérite 28, 137, 141
Gencives 90, 96, 103, 106
Grippe 28, 36, 70, 111, 171, 183
Grossesse extra-utérine 133
Hématémèse 97
Hématome 68, 157
Hémoptysie 97
Hémorroïdes 144
Hépatite virale 28, 105, 135, 171
Hernie 134, 156, 161
Hypertension artérielle 36, 57, 63, 69, 113
Hypotension artérielle 58
Impuissance 25
Infarctus 20, 117
Infection buccale 77
Kyste 67, 84, 107, 127

Index

Langue saburrale	92
Laryngite	84
Laryngoscopie	80, 83
Leucémie	103
Lymphangite du sein	128
Lyme (maladie de Lyme)	171
Lymphome	103
Maladie cœliaque	173
Maladie d'Addison	173
Maladie des griffes du chat	105
Maladies endocriniennes	171
Malaise hypoglycémique	58
Mastodynie	128
Mastose	127
Ménière (maladie de Ménière)	56, 64
Méningite	28, 36
Migraine	36, 54
Mononucléose infectieuse	28, 104, 171
Neurinome	61
Névralgie intercostale	121
Occlusion intestinale	134, 163
Otospongiose	64
Ototoxique	63
Pancréatite	134
Paralysie du larynx	85
Parathyroïdes	172
Parkinson (maladie de Parkinson)	24, 49, 173
Péricardite	119
Péritonite	131, 163
Phlegmon de l'amygdale	104
Plaie buccale	96
Pneumonie	97, 113
Pneumopathie	121
Polype	21, 67, 84, 142
PSA (Antigène Prostatique Spécifique)	149
Pubalgie pariéto-abdominale	164
Pyélonéphrite	135, 150
Rectorragie	145

Hypocondriaques, je vous ai compris !

Reflux gastro-œsophagien 78, 84, 113, 121
Rubéole 105
Salpingite 133
Sciatique 155
Sclérose en plaques 26, 29, 173
Sida 22, 91, 103, 171
Sinusite 36
Stérilité 26
Surdité 61
Surrénales (glandes) 172
Syndrome de la fatigue chronique 175
Thyroïde (maladies de la thyroïde) 51, 75, 172
Torsion du testicule 165
Toux psychogène 114
Toxoplasmose 105, 171
Traumatisme cranien 54
Traumatisme de l'orbite 54
Tremblements « essentiels » 51
Tuberculose 97, 109, 171
Tumeur de la gorge 75
Tumeur du cerveau 22, 36, 56
Tumeur du nerf auditif 61
Ulcère de l'estomac 133
Ulcère du duodénum 133
Vertige positionnel paroxystique bénin (VPPB) 55
Vertiges 53, 62
Virus 28, 77, 105, 111, 120, 171, 183
VPPB 55
Wallenberg (syndrome de Wallenberg) 57

*« Moi, j'ai pas de cancer,
j'en aurai jamais,
je suis contre... »*

Pierre Desproges

Si vous désirez recevoir le programme
de nos publications, merci de contacter :

Louis de Mareuil
Éditions Jacob-Duvernet
134, rue du Bac, 75007 Paris
Tél. : 01 42 22 63 65
www.editionsjd.com
contact@editionsjd.com

Cet ouvrage a été imprimé en France
par CPI Bussière
à Saint-Amand-Montrond (Cher)
en février 2010.
N° d'impression : 100690/1.
Dépôt légal : septembre 2009.
ISBN : 978-2-84724-248-5